KB193674

만나 집사의
큐티 감사 일기

만나 집사의 큐티 감사 일기

지은이 · 홍애경
초판 발행 · 2022. 10. 26
등록번호 · 제1988-000080호
등록된 곳 · 서울특별시 용산구 서빙고로65길 38
발행처 · 사단법인 두란노서원
영업부 · 2078-3352 FAX 080-749-3705
출판부 · 2078-3331

책 값은 뒤표지에 있습니다.
ISBN 978-89-531-4345-6 03230

편집부에서 독자의 의견을 기다립니다.
tpress@duranno.com   http://www.Duranno.com

두란노서원은 바울 사도가 3차 전도여행 때 에베소에서 성령 받은 제자들을 따로 세워 하나님의 말씀
으로 양육하던 장소입니다. 사도행전 19장 8-20절의 정신에 따라 첫째 목회자를 돕는 사역과 평신도
를 훈련시키는 사역, 둘째 세계선교(TIM)와 문서선교(단행본·잡지) 사역, 셋째 예수문화 및 경배와
찬양 사역, 그리고 가정·상담 사역 등을 감당하고 있습니다. 1980년 12월 22일에 창립된 두란노서
원은 주님 오실 때까지 이 사역들을 계속할 것입니다.

만나 집사의

큐티
감사 일기

말씀을 줍고,
먹고, 나눌 때
삶이 살아납니다

홍애경 **지음**

두란노

홍애경 집사님은 한마디로 큐티에 중독된 분입니다. 세상 중독은 인
생을 망하게 하고, 주변도 해치고 결국은 죽게 합니다. 그러나 큐티
중독은 홍 집사님을 살렸습니다. 본인만 살린 것이 아니라, 주변에
말씀의 만나를 나누고, 그들도 살려냈습니다.

큐티는 엄청난 성실함을 요구합니다. 설교자처럼 말씀 묵상이 의무
가 아님에도, 집사님은 지금까지 큐티를 성실히 해내고 있습니다.
큐티의 맛을 알았기 때문일 것입니다. 책에서 집사님은 큐티에 대
한 나름의 철학과 큐티에서 얻은 금과 같은 레마를 나누고 있습니
다. 물론 솔직함과 용기를 담아서 말입니다. 그래서 인생의 길을 찾
지 못하는 사람들, 영적 진보를 원하는 사람들, 고난의 의미를 깨닫
지 못하는 그리스도인들에게 기쁘게 이 책을 권합니다.

박한수 목사 제자광성교회 담임

한국 교회에 큐티 유행이 광풍처럼 불던 때가 있었습니다. 큐티를 안 해 본 교회는 없지만 제대로 하는 교회는 많지 않은 것 같습니다. 팬데믹 이후 한국 교회의 회복은 반드시 말씀의 회복에서 출발해야 하고, 무엇보다도 큐티를 통한 삶의 적용과 변화가 뒤따라야 합니다.

큐티는 특별한 원리나 기술이 따로 있지 않습니다. 말씀을 통해 하나님의 마음을 깨닫고, 다양한 삶의 현장 속에 적용하려는 겸손함과 성실함이면 충분합니다. 저자의 큐티가 그렇습니다. 그에게 큐티는 살기 위한 영적인 만나이고, 어둠을 밝히는 진리의 빛이며, 영적 싸움에서 승리하는 날선 성령의 검입니다.

큐티에 관한 좋은 책이 나왔습니다. 이 책을 통해 많은 성도들이 말씀의 은혜와 능력을 경험하고, 한국 교회가 다시 새로워지길 간절히 소망합니다.

안광복 목사 청주 상당교회 담임

좋은 책을 만나면 마음이 두근거리고 기대가 넘칩니다. 책을 통해 하나님께서 나를 향해 무엇을 말씀하실지, 그리고 어떤 변화와 성숙으로 안내하시고 새 일을 행하실지 기대됩니다. 이 책은 '살아남'의 기록입니다. 저자는 이해되지 않고 해석되지 않는 절망의 상황에서 큐티를 통해 하나님을 만났습니다. 그 후 삶을 받아들이고 고난과 고통의 시간을 승리로 이끌었습니다.

이 책은 삶의 자리에서 말씀을 통해 하나님을 경험하도록 안내합니다. 저자는 우리를 하나님의 사랑과 은혜의 깊은 곳으로 인도하고, 큐티를 통해 음성을 듣는 법을 구체적으로 알려 줍니다. 아울러 하나님과 아름다운 동행을 하는 법을 보여 줍니다. 하나님과 동행하며 날마다 만나를 주워 먹는 저자의 삶을 통해 어떤 상황에서도 승리로 이끄시는 하나님의 말씀이 있음에 감격하게 됩니다.

말씀을 향한 태도가 하나님을 향한 태도입니다. 이 책을 통하여 말씀을 향한 우리의 태도가 달라져서 말씀을 삶의 중심에 놓기를 바랍니다. 큐티를 통해 고난 가운데 있는 저자를 만나 주신 우리 하나님이, 고난과 광야 같은 시간을 통과하고 있는 모든 분을 이 책을 통해, 말씀과 큐티를 통해 만나 주실 것입니다. 고통을 재해석하는 시간, 치유와 회복의 시간, 비전과 소망으로 새롭고 아름다운 결단의 시간으로 인도해 가실 것을 확신합니다. 이 책과 큐티를 통해 날마다의 삶이 영적각성의 날이 되기를 기도합니다.

유영순 목사 시드니 온누리교회

말씀으로 세운 인생은 어떤 고난에도 무너지지 않습니다. 홍 집사님은 딸을 잃은 큰 고난에서 쓰러지지 않고 말씀을 계속 먹어 고난을 이겨내셨습니다. 그렇게 홍 집사님은 수년 간 큐티를 하셨습니다. 큐티는 말씀을 꼭꼭 씹어먹는 것으로, 말씀의 영양가를 최대한 섭취하게 해줍니다. 미디어의 홍수로 성도들이 말씀을 읽고 묵상하는 일이 줄어들고 있는 요즘입니다. 이때에 큐티의 중요성을 일깨워 주고 큐티 간증을 들려줌으로써 다시 말씀으로 돌아가게끔 인도하는 책이 나오게 되어 기쁘게 생각합니다. 큐티는 슬픔을 기쁨으로 바꿔주고, 고난을 이길 힘을 주는 영의 양식입니다. 성도들이 날마다 큐티를 먹음으로써 죽어가던 영이 살아나 기쁨을 회복하기를 기도합니다.

이재훈 목사 온누리교회 담임

Part 3 어떻게 큐티해야
풍성해질까

일어나 함께 가자

어느덧 코로나19 팬데믹도 2년이 넘었다. 끝날 듯 끝나지 않는 상황이 나를 너무 지치게 했다. 시간이 멈춘 것 같았고, 달라진 환경에 적응하기도 어려웠다. 교회에 나가 예배를 드리는 것도, 사람을 만나 교제를 나누는 것도 조심스러웠다. 어디를 가든 마스크를 써야 하고, 동선 확인을 위해 QR 체크를 해야 하는 사회 분위기…. 게다가 지금껏 단 한 번도 경험해 보지 못했던 전면 온라인 예배와 온라인 모임을 해야만 했던 시간들. 다행히 여러 규제가 완화되고, 집합금지 명령도 풀려 대면예배가 가능해졌지만, 예전의 모습은 아니다. 마치 다른 세상을 살고 있는 것만 같다. 믿음 생활도 예전처럼 하기가 어려운 세상이 된 듯하다. 도대체 어떻게 살아야 할까 하는 마음에 갈피를 잡지 못하고 방황도 했다.

하지만 사람은 환경에 참 적응을 잘하는 것 같다. 처음에는 모든 것이 어색하고 불편했지만 이렇게 2년이란 시간을 보내다 보니 이 생활이 익숙해졌다. 그렇지만 여전히 힘들어하는 사람도 많다. 어떤 사람들은 이 시간을 보내면서 사람 만나기를 극도로 꺼리게 됐다고 말한다. 교회를 떠난 사람도 많다. 하지만 하나님은 이 시간을 통해 알곡과 가라지를 가르고 계신 것만 같다. 그러고 보면 모든 것을 통해 일하시는 하나님이 '코로나 팬데믹'이라는 시간을 통해서도 일하고 계신 건 아닐까 하는 생각이 든다.

참으로 낯설고 어느 때보다 힘들었지만, 막상 이 시간을 지내면서 보니 문득 감사하기도 하다. 그 어느 때보다 주님을 더 깊이 만나고 있기 때문이다. 예전처럼 사람을 만나지도, 병원을 찾아가지도, 전도하러 다니지도 못하지만, 이 시간 주님은 나를 더 깊이 만나 주셨기 때문이다.

사실 나는 집에 있는 시간이 많아지면서 무기력증에 빠지기도 했고, 굉장히 우울한 시간을 보내기도 했다. 하지만 그럴수록 주님이 주시는 만나를 먹는 큐티에 더 매달렸다. 그것이 유일한 내 생명줄 같았기 때문이다. 그것조차 놓아 버리면 정말 죽어 버릴 것 같았기 때문이다. 환경이 많이 달라져 이전에는 당연히 여기던 일들을 할 수 없게 됐지만, 집에서 할 수 있는 큐티가 있다는 것이 나에게는 희망이었다. 그래서 매일 아침 주님이 주시는 만나를 먹는 큐티를 하면서 말씀을 통해 나를 만나 주실 주님을 더욱 사모했다.

무엇보다 나는 내 관점이 아닌 주님의 관점으로 말씀을 읽고 큐
티를 하는 시간을 통해 주님이 나에게 하고 싶으신 말씀은 무엇일
까를 더 깊게 생각했다. 다른 이유는 없다. 살고 싶었기 때문이다.
그런데 그런 마음으로 주님이 주시는 만나를 주워 먹다 보니 그동
안 내가 얼마나 주님의 마음을 몰랐는지, 내가 얼마나 주님의 마
음을 오해했는지 깨달아지면서 눈물이 났다. 그러면서 생각지 못
했던 회개가 쏟아져 나왔다.

코로나 때문에 세상과 단절되었던 시간이 내게는 오히려 주님
께 감사한 시간, 오해했던 주님을 다시 알아 가는 시간, 주님 앞에
진실로 회개하는 시간, 주님과 더 친밀한 관계를 맺는 시간이 되
었다. 이제는 매일 아침 주님이 주시는 새로운 만나를 먹으며 주
님을 기다리는 큐티 시간이 아주 소중해졌다. 주님의 사랑을 확인
하는 시간, 사랑하는 주님이 보내신 편지를 읽는 가슴 설레는 시
간이다. 이런 시간을 보내다 보니 나는 어느새 주님과 깊은 사랑
에 빠지게 되었다. 그리고 그 삶이 바로 주님과 동행하는 삶이었

음을 알게 되었다.

요즘 나는 그리스도의 신부를 꿈꾼다. 매일 아침 주님과 동행하며, 주님이 주시는 만나를 먹다 보니 저절로 그렇게 되었다.

> …마리아는 이 좋은 편을 택하였으니 빼앗기지 아니하리라 하시니라 눅 10:42

그리스도의 신부를 꿈꾸는 삶은 주님이 말씀하신 "좋은 편"을 택하는 삶이다. 그 삶에는 달콤한 기쁨이 있다. 아무에게도 빼앗길 수 없는 완전한 기쁨이다.

물론 만나를 먹으며 큐티하는 삶이 언제나 달콤하고 기쁘지만은 않다.

> 내가 천사에게 나아가 작은 두루마리를 달라 한즉 천사가 이르되 갖다 먹어 버리라 네 배에는 쓰나 네 입에는 꿀같이 달리라 하거늘 계 10:9

모든 말씀이 입에는 꿀처럼 달콤하지만, 말씀대로 살아가는 것은 쉽지 않다. 그렇다고, 말씀을 통해 누렸던 기쁨과 감사를 포기할 수는 없다. 그것은 누구에게도 빼앗길 수 없고, 포기할 수도 없다.

나는 많은 사람이 큐티를 하면서 내가 누렸던 이 기쁨과 감사를 누리기를 바란다. 특히 나처럼 코로나로 몸과 마음이 지친 사람이 큐티를 통해 누구에게도 빼앗기고 싶지 않은 기쁨, 포기할 수 없는 감사를 누리게 되었으면 좋겠다.

나의 사랑하는 자가 내게 말하여 이르기를 나의 사랑, 내 어여쁜 자야 일어나서 함께 가자 아 2:10

이 기쁨과 감사를 누릴 때 "일어나서 함께 가자"며 신부를 부르시는 주님의 음성이 들리기 시작한다. 이 부르심은 정말 가슴 떨리는 주님의 사랑 고백이다. 당신의 신부를 부르시는 다정하고 부드러운 음성이다.

나는 많은 사람이 이 책을 통해 주님이 주시는 만나를 먹는 큐티를 하게 되기를, 그리고 그 시간을 통해 주님과 깊이 교제하면서 특별한 사랑을 나누게 되기를 바란다. 그리고 그런 자만이 들을 수 있는 주님의 부르심을 우리 모두가 듣게 되기를 간절히 기도한다.

2022년 10월
홍애경

Part 1

큐티란
무엇일까

1

하나님이 주시는
만나를
먹는 일이다

나는 큐티가 매일 아침 하나님이 내려 주신 만나를 먹는 일이라 생각한다. 만나는 출애굽 당시 이스라엘 백성이 광야 생활할 때 하나님이 매일 아침 지면으로 내려 주셔서 먹게 하신 양식이다. 성경에는 깟씨처럼 희고 꿀 섞은 과자처럼 달콤한 양식이라고 기록하고 있다.

13...아침에는 이슬이 진 주위에 있더니 14 그 이슬이 마른 후에 광야 지면에 작고 둥글며 서리같이 가는 것이 있는지라 15 이스라엘 자손이 보고 그것이 무엇인지 알지 못하여 서로 이르되 이것이 무엇이냐 하니 모세가 그들에게 이르되 이는 여호와께서 너희에게 주어 먹게 하신 양식이라...31 이스라엘

족속이 그 이름을 만나라 하였으며 깟씨같이 희고 맛은 꿀 섞은 과자 같았더라 출 16:13-15, 31

그런데 나는 성경 속 만나에 관한 기록을 볼 때마다 큐티가 떠오른다. 매일 아침 주님이 주시는 양식을 먹는 것이 마치 매일 아침 큐티를 통해 주님이 주시는 말씀을 먹는 것과 같다는 생각이 든다.

우리는 목사님의 설교 말씀도 듣고 성경공부도 한다. 하지만 그 것들과 주님이 주시는 만나를 내가 직접 먹는 큐티는 다르다. 아무리 맛있는 음식도 내가 직접 먹어 본 것과, 누군가에게 그 음식에 대한 이야기를 듣는 것은 전혀 다른 것처럼 말이다.

설교를 듣거나 성경공부를 하는 것은 나를 찾아오신 주님을 내가 직접 경험하는 것이 아니다. 다른 사람에게 찾아오신 주님을 그들을 통해 간접 경험하는 것이다. 그러나 큐티는 주님이 주시는 만나를 내가 직접 먹고, 생각하고, 묵상하는 것이다. 하나님이 내게 직접 들려주시는 음성을 듣는 것이다.

매일 아침, 주님이 직접 주시는 만나를 먹다 보면 삶이 달라진다. 주님을 뜨겁게 사랑하게 된다. 나보다 주님을 더 사랑하게 된다. 나는 큐티를 통해 내 삶에서 역사하시는 주님을 만난다. 다시 말하면 큐티를 한다는 것은 말씀이신 주님이 내 삶에 찾아오시는 엄청난 사건을 경험하는 것이다.

그렇다면 우리는 왜 만나를 매일 먹어야 할까.

¹⁸ … 각 사람은 먹을 만큼만 거두었더라 ¹⁹ 모세가 그들에게 이르기를 아무든지 아침까지 그것을 남겨두지 말라 하였으나 ²⁰ 그들이 모세에게 순종하지 아니하고 더러는 아침까지 두었더니 벌레가 생기고 냄새가 난지라 모세가 그들에게 노하니라 출 16:18-20

만나의 유효기간은 딱 하루다. 하루가 지나면 벌레가 생기고 냄새가 난다. 큐티도 그렇다. 매일 아침 주님이 주시는 새 만나, 새 말씀을 먹어야 한다. 매일 아침 큐티를 한다는 것은 주님이 주시는 새 만나를 먹는 것이다.

사실, 만나는 육신을 만족시키는 음식이 아니다. 영을 살찌우는 생명의 양식이다. 우리는 육신을 위해 하루에 세 번 밥을 먹는다. 틈틈이 간식도 챙겨 먹는다. 어쩌다 한 끼라도 굶으면 배고프다. 오죽하면 '배고파 죽겠다'고까지 하겠는가. 그러면서 영의 양식인 말씀은 자주 먹지 않는다. 하루에 한 번 먹는 것도 쉽지 않다. 아예 먹어 보지 못한 사람이 더 많다. 영의 양식이 있다는 것을 모르거나, 그런 것들에 관심이 없어 말씀을 거부하며 사는 사람들도 있다. 그런 사람들의 영은 얼마나 배고프고 목이 마를까? 너무나 안타깝다.

만나는 육신의 눈으로 보이지 않기에 사람들은 영의 양식인 만나의 중요성을 잘 모르는 것 같다. 만나를 먹어야 할 필요성도 느끼지 못한다. 하지만 영의 양식인 만나의 맛을 알아버린 사람들은 안다. 주님이 주신 만나를 먹지 않을 때 얼마나 마음이 힘들어지는지를.

영의 양식인 말씀을 먹지 않을 때 우리의 영은 약해지고, 영이 약해질 때 마귀는 그 틈을 타서 공격하기 때문이다.

마귀에게 틈을 주지 말라 엡 4:27

정말, 마귀들은 귀신같이 그 틈을 타서 우리 마음에 들어온다. 그래서 우리 마음을 힘들게 하고, 우울하게 한다. 우리의 자존감을 떨어뜨리고, 하나님이 정말 살아 계실까 하는 의심까지 들게 한다. 그러면서 아예 하나님의 존재 자체를 부정하고 싶은 마음까지 갖게 한다.

정말 큰일이다. 이런 마음은 우리 마음의 주인이 하나님이 아닌 원수 마귀로 바뀌었다는 증거이다.

마귀가 벌써 시몬의 아들 가룟 유다의 마음에 예수를 팔려는 생각을 넣었더라 요 13:2

이 말씀을 무심하게 읽으면 대단한 말씀같이 느껴지지 않지만, 이건 보통 말씀이 아니다.

영적으로 약해진 가룟 유다의 마음에 마귀가 예수를 팔려는 생각을 넣어 준 것처럼, 우리가 영적으로 약해질 때, 사탄은 우리의 마음에도 나쁜 생각을 넣어 줄 수 있다는 말씀이기 때문이다.

사탄이 우리 마음에 나쁜 생각을 넣어줄 때, 그 생각의 끝은 영적인 죽음에 닿는다. 사탄의 목적은 우리를 영적으로 완전히 죽이는 데 있다.

근신하라 깨어라 너희 대적 마귀가 우는 사자같이 두루 다니며 삼킬 자를 찾나니 벧전 5:8

원수 마귀는 우는 사자같이 두루 다니며 삼킬 자를 찾기까지 한다. 그래서 우리는 영의 양식인 말씀을 먹어 영의 근육을 키워야 한다. 튼튼해져야 한다. 그래야 원수 마귀와 싸울 수 있다.

하지만 나는 영의 양식이 꼭 큐티여야 한다고 생각하지는 않는다. 물론, 나는 큐티하는 사람이라 큐티를 통해 영의 양식인 만나를 먹고 있지만, 성경 통독이나 암송 등을 통해서도 영의 양식을 먹을 수 있다고 생각한다.

그렇지만 큐티가 매일 아침 주님이 주시는 영의 양식인 말씀을 먹는 데 제일 좋은 도구라 생각한다.

2

주님이 보내 주시는
러브 레터를
읽는 것이다

매일 아침 큐티를 하면서 주님을 만나다 보면, 큐티하는 그 시간이 너무나 달콤하게 느껴지곤 한다.

주의 말씀의 맛이 내게 어찌 그리 단지요 내 입에 꿀보다 더 다니이다 시 119:103

얼마나 달콤했으면, 꿀보다 더 달다고 했을까. 매일 아침 주님으로부터 꿀보다 더 달콤한 러브 레터를 받고 싶다면 큐티하면 된다. 큐티 시간에 나는 주님과 사랑을 나누며 그분에 대해 좀 더 알게 된다. 주님과 찐 사랑에 빠지게 되는 소중한 시간이다.

큐티는 Quiet Time의 앞 글자를 딴 것으로, 조용한 장소, 조용한 시간에 주님을 만난다는 뜻이다. 즉, 큐티는 아무에게도 방해 받지 않는 장소에서 주님과 은밀하고 조용하게 만나는 시간이다. 사랑하는 사람이 아니라면 어떻게 그렇게 은밀하고 친밀하게 만날 수 있겠는가? 그래서 큐티를 사랑하는 사람이 보낸 러브 레터를 읽는 시간이라고 말하는 것이다.

사랑하는 사람에게 러브 레터를 받아 본 사람은 알 것이다. 나도 러브 레터를 받은 적이 있다. 그때 그 편지가 얼마나 소중하던지, 아무도 없는 곳에 들어가 조심스럽게 열어 봤다. 아무에게도 들키고 싶지 않았기 때문이다.

그런데 이런 러브 레터를 나보다 나를 더 사랑하시는 주님께 받는다면 마음이 어떨까. 솔직히 표현할 수 없는 감동일 것이다. 그래서 우리는 매일 아침 큐티를 해야 한다. 날마다 나보다 나를 더 사랑하시는 주님을 만날 뿐 아니라, 주님의 러브 레터를 받아 보며 주님과 찐 사랑에 빠질 수 있기 때문이다.

나보다 나를 더 사랑한다는 것이 어떤 의미일까? 그 말은 정말로 나를 사랑한다는 뜻이다. 그 사랑은 사람이 할 수 있는 것이 아니다. 주님만이 우리에게 주실 수 있는 특별한 사랑이다.

사람은 자기 자신보다 남을 더 사랑할 수 없다. 연인이나 배우자가 나보다 나를 더 사랑한다고 말한다면, 그 말은 절대 믿으면 안 된다. 믿는 도끼에 발등을 찍힌다. 나도 남편의 그 말을 믿다가 발등을 찍혔다. 남편만 내 발등을 찍은 것이 아니다. 나도 남편의 발등을 찍었다. 왜냐하면 우리는 완전한 사랑을 할 수 없는 불완전한 존재이기 때문이다. 불완전한 우리가 영원하고 변하지 않는 사랑을 하겠다고 말하는 자체가 모순이다.

사실, 우리는 모두 나 자신만 사랑할 수밖에 없는 존재다. 요즘 같은 말세에는 더욱 그렇다.

[1] 너는 이것을 알라 말세에 고통하는 때가 이르러 [2] 사람들이 자기를 사랑하며 돈을 사랑하며 자랑하며 교만하며 비방하며 부모를 거역하며 감사하지 아니하며 거룩하지 아니하며 [3] 무정하며 원통함을 풀지 아니하며 모함하며 절제하지 못하며 사나우며 선한 것을 좋아하지 아니하며 [4] 배신하며 조급하며 자만하며 쾌락을 사랑하기를 하나님 사랑하는 것보다 더하며 딤후 3:1-4

사탄은 우리가 스스로를 더 사랑하도록 유혹한다. 사실, 돈을 사랑하는 것, 자랑하는 것, 교만한 것, 비방하는 것, 부모를 거역하는 것, 감사하지 않는 것, 거룩하지 않는 것, 무정한 것, 원통함을 풀지 않는 것, 모함하는 것, 사나운 것, 선한 것을 좋아하지 않는 것, 배신하는 것, 조급하며 자만한 것, 쾌락을 좋아하는 것은 모두 자신을 너무 사랑해서 생긴 현상이다. 하나님을 사랑하기보다 자신을 더 사랑해서 그런 것이다.

그래서 우리는 매일 아침 우리를 우리보다 더 사랑하시는 주님, 완전한 사랑으로 우리를 사랑해 주시는 주님을 만나야 한다. 주님이 매일 아침 보내 주시는 러브 레터를 읽어야 한다. 매일 아침 하늘의 만나를 먹는 큐티를 해야 한다. 그래야 불완전하고 이기적인 나를 사랑하지 않고, 완전하신 주님을 더 사랑하게 된다.

나는 주님을 만난 이후에 다른 사람에게 사랑을 구하지 않는다. 남편에게도, 딸에게도, 친구들에게도, 세상 그 어느 사람에게도 사랑을 기대하지 않는다. 매일 아침 러브 레터를 보내 주시는 내 찐 사랑을 만났기 때문이다. 그랬더니 오히려 남편과의 관계, 딸과의 관계, 모든 사람과의 관계가 좋아졌다. 기대하지 않으니 실망하지 않게 되고, 실망하지 않으니 관계가 점점 좋아졌다.

그렇다면, 어떻게 해야 주님의 러브 레터를 받으며 주님과 찐 사랑을 할 수 있을까. 큐티하면 된다. 성경을 읽으면 된다. 성경은 모두 주님에 관한 말씀이기 때문이다. 구약은 오셨던 주님에 관한 책, 신약은 다시 오실 주님을 기다리는 책이다. 그래서 성경을 읽다 보면 주님을 만날 수밖에 없고, 주님을 만나면 주님을 사랑하지 않을 수 없다. 말씀을 먹다 보면 사랑하는 연인끼리 비밀이 생기듯 주님과 나 사이에도 비밀이 생긴다. 서로 모든 비밀을 주고받는 찐 친구가 되는 것이다.

이제부터는 너희를 종이라 하지 아니하리니 종은 주인이 하는 것을 알지 못함이라 너희를 친구라 하였노니 내가 내 아버지께 들은 것을 다 너희에게 알게 하였음이라 요 15:15

매일 아침 주님으로부터
달콤한 러브 레터를 받고 싶다면
큐티하면 된다.
큐티 시간에 나는 주님과 사랑을 나누며
그분에 대해 좀 더 알게 된다.
주님과 찐 사랑에 빠지게 되는
소중한 시간이다.

사람이 자기의 친구와 이야기함같이 여호와께서는 모세와 대
면하여 말씀하시며… 출 33:11

여호와께서 모세와 대면하여 말씀하실 때 친구처럼 이야기하
셨다고 한다. 큐티를 하다 보면 마치 모세가 하나님과 친구처럼
대면하고 이야기한 것처럼, 우리도 주님과 대면하며 이야기를 나
누는 친구가 될 것이다.

3

주님과
동행하는 삶을
사는 것이다

　　나는 큐티가 매일 주님과 동행하는 삶을 사는 것이라 생각한다. 매일 말씀으로 주님을 만나는 삶 자체가 주님과 동행하는 것이기 때문이다. 사실, 이것은 내가 매일 큐티하면서 알게 된 비밀이다. 매일 큐티하면서 주님을 알게 되고, 주님과 찐 사랑을 나누다 보면 주님과 동행하는 삶을 살 수밖에 없다.

　　사랑하는 연인끼리는 하루에도 몇 번씩 전화하고, 몇 번씩 카톡을 보내며, 하루 종일 사랑하는 사람을 생각하는 것처럼, 주님을 사랑하게 되면 하루에도 몇 번씩 주님께 물어보고, 주님께 기도하며, 하루 종일 주님을 생각하는 삶을 살게 된다. 그러면 주님의 꿀 떨어지는 음성과 말씀을 들을 수 있다. 그러면 떨어지기 싫어하는 연인들처럼 주님과 늘 함께하고 싶고 어디든지 함께 가고 싶어진다. 그때부터 주님과 동행하는 삶이 시작된다.

사랑하는 사람끼리 눈만 마주쳐도 서로의 마음을 알 수 있듯이, 큐티 본문만 펴도 주님의 마음을 알 수 있다. 그날의 본문 제목만 봐도 주님이 나에게 주시는 말씀이 무엇인지 알게 된다. 한마디로 주님이 '척' 하면 '착' 하는 그런 사이가 된다. 그게 주님과 동행하는 삶이다.

사랑하는 사람들은 결혼을 한다. 마찬가지로, 주님을 뜨겁게 사랑하게 되어 주님과 동행하는 삶을 살게 되면, 자연스럽게 그리스도의 신부를 꿈꾸게 된다. 그래서 매일 아침 주님이 주시는 만나를 먹는 큐티를 하는 사람의 마지막 소망은 그리스도의 신부가 되는 것이라 생각한다. 그리스도의 신부가 되는 것이야말로 주님과 완전히 동행하는 삶을 사는 것이기 때문이다.

주님과의 완전한 사랑으로 주님과 완전한 동행을 할 때, 우리는 온전한 그리스도의 신부가 될 수 있다. 주님 다시 오시는 날 제일 먼저 주님을 맞이하여 주님이 베푸시는 혼인 잔치에 참여하는 진짜 그리스도의 신부가 될 수 있다.

에녹이 하나님과 동행하더니 하나님이 그를 데려가시므로 세상에 있지 아니하였더라 창 5:24

에녹은 그리스도의 신부였다. 하나님은 에녹과 동행하셨고, 그를 데려가셨기 때문이다. 그래서 나는 오늘도 다시 오실 주님을 기다린다. 다시 오실 주님이야말로 오늘도 주님과 동행하는 모든 신부의 마지막 소망이고, 마지막 꿈이기 때문이다.

16 주께서 호령과 천사장의 소리와 하나님의 나팔 소리로 친히 하늘로부터 강림하시리니 그리스도 안에서 죽은 자들이 먼저 일어나고 17 그 후에 우리 살아 남은 자들도 그들과 함께 구름 속으로 끌어올려 공중에서 주를 영접하게 하시리니… 살전 4:16-17

그날은 주께서 호령과 천사장의 소리와 하나님의 나팔 소리로 강림하시는 날, 그리스도의 신부들을 에녹처럼 하늘로 끌어올려 데려가시는 날이다. 또, 그날은 끌어올려 간 그리스도의 신부들이 주님이 베푸시는 혼인 잔치에 참여하는 날이고, 그리스도의 온전한 신부가 되는 날이다. 나는 오늘도 주님과 동행하는 삶을 살며 그날을 기다린다.

Part 2

왜
큐티를
해야 할까

1

주님의 사랑이 느껴지고, 감사의 마음이 생긴다

이스라엘 족속이 그 이름을 만나라 하였으며 깟씨같이 희고
맛은 꿀 섞은 과자 같았더라 출 16:31

큐티를 하는 것은 매일 아침 주님이 주시는 꿀 섞은 과자 같은
만나를 먹는 것이다. 그래서 매일 아침 주님이 주시는 달콤한 만
나를 먹는 큐티를 하다 보면, 나를 향한 주님의 사랑이 느껴지는
날이 있다. 그래서 나도 모르게 주님을 사랑하게 된다.

하지만 그 사랑은 아직 완전하지 못하다. 나를 향한 주님의 달
콤한 사랑에만 감사하는 철없는 사랑이기 때문이다. 그래서 처음
큐티를 할 때는 본문 말씀을 읽어도 내가 보고 싶은 말씀, 내가 듣
고 싶은 말씀 위주로만 보이고 들린다. 나는 이 시간도 중요하다

고 생각한다. 이 시간을 통해 주님을 알게 되기 때문이다. 주님을 알아야 주님과의 사랑도 시작되기 때문이다. 그래서 처음 큐티를 시작하는 사람에게 '묵상이 잘못되었다', '적용이 잘못되었다'고 말하면 안 된다. 아기가 태어나자마자 바로 걷거나 뛸 수 없지만, 언젠가는 엄마의 사랑으로 무럭무럭 자라게 되어, 걷고 뛰게 되기 때문이다.

그렇기 때문에, 중요한 것은 오늘도 주님이 주시는 만나를 먹는 큐티를 계속하는 것이다. 그러다 보면 어느 날 문득 주님께 감사하단 생각이 드는 날이 있다.

주의 말씀의 맛이 내게 어찌 그리 단지요 내 입에 꿀보다 더 다니이다 시 119:103

하지만 그 감사는 주님의 달콤한 사랑에 감동해 나오는 감사다. 그래서 조금 힘든 일이 생기거나 주님이 자기 뜻대로 움직여 주시는 분이 아니란 것을 아는 순간 실망하면서 주님을 원망하는 철없는 감사다. 아이가 좋은 학교에 가면 감사하고, 가지 못하면 원망하는 철없는 감사다. 좋은 일이 생기면 감사하고, 나쁜 일이 생기면 원망하는 그런 철없는 감사다. 주님이 나를 위해 존재하는 분으로 착각하는 그런 철없는 감사다.

하지만 나는 이 철없는 감사도 소중한 마음이라고 생각한다. 처음 큐티를 시작할 때는 주님이 어떤 분인지 잘 모르기 때문이다.

그래서 매일 아침 주님이 주시는 만나를 먹는 큐티를 계속해야 한다. 그렇게 큐티를 계속하다 보면 어느 날 문득 나같이 보잘것없는 사람을, 다른 사람도 아닌 이 세상을 창조하신 주님이 사랑해 주신다는 사실에 왈칵 눈물이 나며 감사하게 되기 때문이다. 사실 이것은 매일 아침 주님이 주시는 만나를 먹는 큐티를 해 본 사람은 누구나 느끼는 조금 철이 든 감사다. 하지만 이 눈물과 감사 역시 정말 성숙한 눈물과 감사는 아니다.

그래서 계속 큐티해야 한다. 그럴 때 주님이 어떤 분인지 진짜로 알게 되고, 그동안 내가 얼마나 주님을 오해해 왔는지 깨닫고 마음 깊이 회개하게 된다. 그때 흘리는 눈물과 감사가 진짜 눈물이고 진짜 감사다.

나 역시 주님에 대해 오해한 것이 너무나 많았다. 주님이 나를 얼마나 사랑하시는지 몰랐다. 주님이 나를 얼마나 참으셨는지도 몰랐다. 그리고 주님이 나를 얼마나 기다리셨는지 상상조차 할 수 없었다. 하지만 이렇게 매일 아침 큐티를 하면서 주님이 주시는 만나를 먹다 보니, 주님이 나를 얼마나 사랑하시는지 알게 되었다. 주님이 나를 얼마나 참으셨는지도 알게 되었다. 주님이 내가 이렇게 돌아오기를 얼마나 기다리셨는지도 알게 되었다. 주님의 말씀이 달콤해서가 아니라, 나를 향한 주님의 사랑이 느껴져 진짜 감사가 나오기 시작했다. 그래서 날마다 큐티하며 그 사랑에 감사한다.

2

죄인임이
깨달아진다

　　나를 향한 주님의 사랑에 감사하며 계속 큐티를
하다 보면, 어느 날 갑자기 주님의 진짜 마음이 느껴지고, 내가 얼
마나 큰 죄인이었는지 깨달아진다.

　¹여호와여 주께서 나를 살펴보셨으므로 나를 아시나이다 ² 주
　께서 내가 앉고 일어섬을 아시고 멀리서도 나의 생각을 밝히
　아시오며 ³ 나의 모든 길과 내가 눕는 것을 살펴 보셨으므로
　나의 모든 행위를 익히 아시오니 시 139:1-3

　　그날은 나를 살펴보시고, 나의 생각을 밝히 아시고, 나의 모든
행위를 익히 아시는 주님을 만나는 날이다. 어떻게 보면, 주님 앞

에 참 부끄러운 날이다.

왜냐하면, 그날은 엄마가 어린아이를 살펴보듯이 나를 살펴보시는 주님을 만나는 날, 엄마가 어린아이의 생각을 밝히 알 듯, 나의 생각을 밝히 아시는 주님을 만나는 날, 엄마가 어린아이의 행위를 익히 알 듯, 나의 모든 행위를 익히 아시는 주님을 만나는 날이기 때문이다.

> [27] 그 후에 예수께서 나가사 레위라 하는 세리가 세관에 앉아 있는 것을 보시고 나를 따르라 하시니 [28] 그가 모든 것을 버리고 일어나 따르니라 눅 5:27-28

또 그날은 예수님 앞에 차마 나갈 수 없어 세관에 앉아 예수님을 바라보기만 하던 죄 많은 세리가 바로 나였음이 깨달아지는 날이기도 하다. 그래서 내가 세리 같은 큰 죄인이었음을 고백하는 날이기도 하다.

그날은 주님이 보내 주시는 러브 레터를 통해 나 같은 죄인을 사랑하시고, 나 같은 죄인을 용서하시는 주님을 진짜로 경험하는 날이다. 그 경험을 하고 나면, 주님이 나를 사랑해 주신 것만큼 주님을 사랑하고 싶은 마음이 들기 시작한다. 나 같은 죄인을 사랑하신 주님의 마음이 온전하게 느껴진다.

그 마음이 바로 나 같은 죄인을 용서한 주님의 마음이고, 그 사랑이 바로 나 같은 죄인을 사랑한 주님의 사랑이다.

그래서 나는 오늘도 큐티한다. 나를 향한 주님의 그 마음을 알고
싶어서, 나를 향한 주님의 그 사랑을 알고 싶어서 큐티한다.

3

내 관점이 아니라
주님의 관점으로
말씀을 읽게 된다

내가 죄인이라는 사실이 깨달아졌을 때, 달라지는 것이 있다. 언제나 내 관점으로 본문을 읽고 묵상하고 적용했던 큐티를, 주님의 관점으로 읽고 묵상하고 적용하게 된다는 것이다. 이런 변화에 나 스스로 놀라기도 한다. 나는 그날이 주님과 성숙한 사랑을 시작하는 날이라고 생각한다.

그동안은 성경책을 펼치고 내가 읽고 싶은 말씀만 골라 읽거나, 읽고 싶지 않은 말씀은 그냥 넘겼을 수 있다. 그런데 사랑이 성숙해지면 읽고 싶지 않은 본문이라도 이 말씀을 통해 주님이 내게 하고 싶으신 말씀이 무엇일까 생각하며 큐티하게 된다. 나는 그날이 성령님의 역사하심을 경험하는 날이라 생각한다.

보혜사 곧 아버지께서 내 이름으로 보내실 성령 그가 너희에게 모든 것을 가르치고 내가 너희에게 말한 모든 것을 생각나게 하리라 요 14:26

성령님이 말씀하신 모든 것을 풀어 주시고 가르쳐 주시는 것을 경험하는 날이다. 그러면 말씀을 통해 주님의 사랑과 선하심과 위대하심이 자꾸 깨달아져 주님 앞에 무릎 꿇을 수밖에 없다.

주님의 사랑과 선하심과 위대하심을 경험한 그날은, 주님께 받는 사랑이 아니라 돌려드리는 사랑을 하게 된다. 나는 이날이 주님과 '찐 사랑'에 빠지게 되는 날이라고 생각한다. 찐 사랑은 주님의 사랑에 감동해 '사랑의 빚진 자'가 되고 싶은 것이다. 사랑의 빚을 갚고 싶은 것이다. 그래서 주님을 배려하는 사랑, 주님께 받은 사랑을 돌려드리는 사랑, 주님이 원하시는 사랑을 하게 된다.

주님과 찐 사랑에 빠지게 되면 이 세상을 내 눈이 아니라 주님의 눈으로 보게 되며, 이 세상이 내 마음이 아니라 주님의 마음으로 보이기 시작한다. 그래서 말씀을 볼 때마다 세상을 향한 주님의 마음, 주님의 사랑이 느껴져 눈물이 난다. 성경을 볼 때마다, 주님을 생각할 때마다 눈물이 난다. 주님의 사랑을 경험한 사람이 흘리는 눈물이다.

이 눈물은 매일 아침 주님이 주시는 만나를 먹는 사람, 큐티를 해 본 사람만이 흘릴 수 있다. 주님과 찐 사랑을 경험한 자만이 흘릴 수 있는 찐 눈물이다. 이런 나에게 주님은 친구라 불러 주셨

다. 그리고 아버지께 들은 말씀의 비밀들을 하나씩 풀어 주기 시
작하셨다.

이제부터는 너희를 종이라 하지 아니하리니 종은 주인이 하
는 것을 알지 못함이라 너희를 친구라 하였노니 내가 내 아버
지께 들은 것을 다 너희에게 알게 하였음이라 요 15:15

그날의 그 기쁨과 감사는 지금도 잊을 수 없다. 세상 그 어떤
기쁨과 비교할 수 없는 기쁨, 세상 그 어떤 감사와 비교할 수 없
는 감사다.

4

내 삶을 말씀으로
재해석해 주시는
주님을 만난다

결혼을 앞둔 아이가 암에 걸려 2년 만에 하늘나라에 갔을 때, 나는 정말 말할 수 없이 힘들었다. 많은 죄책감에 시달리기도 했다. 모든 일이 내 잘못 같았기 때문이다. 온 세상이 나를 비웃는 것 같았다. 사람들은 나에게 팔자가 세서 자식을 앞세웠다고 쑥덕거렸다. 그런 말을 들을 때마다 죽고 싶었다. 주님께 수없이 많은 질문을 드렸다.

"왜 아이가 그런 병에 걸렸나요? 왜 아이를 데려가셨나요? 왜 내 삶에 이런 일이 생겼나요? 앞으로 나는 어떻게 살아야 하나요?"

주님은 대답하지 않으셨다. 그렇지만 나는 큐티를 멈추지 않았다. 언젠가 말씀해 주실 것을 믿었기 때문이다. 지금 생각하면, 그때 어떻게 내가 그런 믿음을 가졌었는지 모르겠다.

그렇게 큐티하기를 1년, 주님은 생각지도 않았던 본문 말씀으로 내 질문에 답해 주셨다. 왜 아이가 병에 걸려야 했는지, 왜 아이를 데려가셨는지, 왜 내 삶에 이런 일이 생겼는지, 그리고 앞으로 어떻게 살아야 하는지까지 말씀해 주셨다.

물론 이 모든 답을 하루에 다 말씀해 주신 것은 아니다. 어떤 답은 한 달 더 있다가, 어떤 답은 6개월 더 있다가, 또 어떤 답은 1년이나 3년 뒤에 주셨다. 중요한 것은 단 한 질문도 빠트리지 않으셨다는 것이다. 하나님은 내 질문을 잘 기억해 두셨다가 큐티를 할 때마다 성경 속 말씀으로 응답해 주셨다.

그래서 큐티해야 한다. 주님이 주시는 만나를 먹는 큐티를 계속하다 보면, 가장 궁금했던 내 삶의 질문에 말씀해 주시는 주님을 만나기 때문이다. 자식을 앞세우고 죄인처럼 살던 내 삶을 하나님의 자녀 된 삶이라 말씀해 주시는 주님을 만나기 때문이다.

그리고 나를 얼마나 사랑하시는지, 나를 어떻게 세상에서 하나님 나라로 이끌어 주셨는지, 나를 향한 주님의 계획이 무엇인지, 내가 얼마나 주님의 사랑을 받고 있는 존귀한 존재인지, 또 천국의 소망이 무엇인지 모두 말씀해 주시는 주님을 만나기 때문이다.

4 곧 창세 전에 그리스도 안에서 우리를 택하사 우리로 사랑 안에서 그 앞에 거룩하고 흠이 없게 하시려고 5 그 기쁘신 뜻대로 우리를 예정하사 예수 그리스도로 말미암아 자기의 아들들이 되게 하셨으니 6 이는 그가 사랑하시는 자 안에서 우

리에게 거저 주시는 바 그의 은혜의 영광을 찬송하게 하려는 것이라 7 우리는 그리스도 안에서 그의 은혜의 풍성함을 따라 그의 피로 말미암아 속량 곧 죄 사함을 받았느니라 8 이는 그가 모든 지혜와 총명을 우리에게 넘치게 하사 9 그 뜻의 비밀을 우리에게 알리신 것이요 그의 기뻐하심을 따라 그리스도 안에서 때가 찬 경륜을 위하여 예정하신 것이니 10 하늘에 있는 것이나 땅에 있는 것이 다 그리스도 안에서 통일되게 하려 하심이라 11 모든 일을 그의 뜻의 결정대로 일하시는 이의 계획을 따라 우리가 예정을 입어 그 안에서 기업이 되었으니 12 이는 우리가 그리스도 안에서 전부터 바라던 그의 영광의 찬송이 되게 하려 하심이라 엡 1:4-12

에베소서 1장의 말씀 한 구절 한 구절이 주님이 나에게 직접 말씀하시는 것처럼 느껴지던 때가 있다. 지금도 이 말씀으로 큐티하던 날의 감동을 잊을 수 없다. 그날 나는 내 지나간 삶, 현재의 삶, 앞으로 살아갈 일들에 대한 모든 비밀을 에베소서 말씀으로 풀어 주시는 주님을 만났다. 에베소서 말씀을 통하여 내 삶의 모든 일들을 조목조목 말씀해 주시는 주님을 경험했다.

주님은 이 부족한 나를 그의 사랑 안에서 거룩하고 흠이 없게 하려고 부르셨다고 말씀해 주셨다. 나에게 일어났던 모든 일은 그의 기뻐하심을 따라 그리스도 안에서 때가 찬 경륜을 위하여 예정하신 일이었다고 말씀해 주셨다.

나에게 일어났던 모든 일은 그의 뜻의 결정대로 일하시는 이의 계획을 따라 일어난 것이었다고, 내가 예정을 입어 그 안에서 기업이 되었다고 말씀해 주셨다. 하늘에 있는 딸과 이 땅에 있는 내가 그리스도 안에서 통일되게 하여 그의 영광을 찬송하게 하신 것이라 말씀해 주셨다.

이렇게 그날의 큐티 본문으로 내 삶 전체를 재해석해 주시고 말씀해 주시는 주님을 경험할 때 느껴지는 기쁨은 감사이고 감동이다. 그것은 어디서도 느껴보지 못한 완전한 기쁨, 완전한 감사, 완전한 감동이다.

그래서 주님이 주시는 만나를 먹는 큐티를 해야 한다. 큐티를 시작하면 주님을 만나게 되고, 주님을 만나면 주님을 알게 되고, 주님을 알게 되면 삶을 내 관점이 아니라 주님의 관점으로 재해석해 주시는 주님을 만나기 때문이다.

큐티를 계속하다 보면,
가장 궁금했던 내 삶의 질문에
말씀해 주시는 주님을 만난다.

5

주님을
사랑하게 된다

큐티를 계속하다 보면, 주님을 사랑할 수밖에 없다. 사실, 주님과 사랑한다는 것은 처음에는 낯설고 설명하기 힘들다. 하지만 계속 큐티를 하면서 주님을 알게 되고, 주님의 사랑을 알게 되면 주님과 찐 사랑에 빠지지 않을 수 없다. 그래서 하루라도 주님을 만나지 않으면, 하루라도 주님의 음성을 듣지 않으면 안 되는 사람이 되고 만다. 주님 없이 하루도 살 수 없는 사람이 되는 것이다.

사랑하는 연인들끼리는 매일 만난다. 그러면서 두 사람은 더욱 친밀해진다. 쳐다만 봐도 서로의 마음을 알게 된다. 주님과의 만남도 마찬가지다.

매일 아침, 주님이 주시는 만나를 먹는 큐티를 하면서 주님을 만나다 보면, 주님과 친밀해지면서 주님의 마음이 알아진다. 주님의 마음을 알게 되면, 주님을 사랑하지 않을 수 없다. 직접 해 보지 않으면 절대 알 수 없는 사랑이다.

주님과 친밀한 사이가 되면 새로운 습관이 생긴다. 사랑하는 사람끼리 매일 카톡하고, 전화하고, 만나는 것처럼, 매일 성경 통독하고, 큐티를 하며, 기도하는 습관이 생긴다. 그리고 매일 만나면서 사랑이 깊어지는 것처럼, 매일 말씀으로 주님을 만나면 주님을 향한 사랑도 깊어진다. 나는 그것이 주님과 동행하는 삶이라 생각한다. 진짜로 주님과 찐 사랑을 하는 삶이라 생각한다.

주님과 찐 사랑을 하게 되었을 때, 주님의 마음을 점점 더 많이 알게 된다. 그러다 보면, 성경을 봐도, 큐티 말씀을 봐도 모두 나에게 하시는 말씀으로 들리고 보이기 시작한다.

[4] 예수께서 대답하여 이르시되 너희가 가서 듣고 보는 것을 요한에게 알리되 [5] 맹인이 보며 못 걷는 사람이 걸으며 나병 환자가 깨끗함을 받으며 못 듣는 자가 들으며 죽은 자가 살아나며 가난한 자에게 복음이 전파된다 하라 마 11:4-5

그래서 내가 주님을 보지 못하는 맹인이었고, 매일 사탄에게 넘어지는 못 걷는 사람이었고, 죄 많은 나병환자였고, 말씀을 들어도 깨닫지 못하는 자였고, 살았어도 죽은 자였고, 마음이 부요해 주님의 말씀을 듣지 못하던 자였다는 사실이 깨달아진다. 그 순간 진짜 눈물이 나고, 진짜 감사가 나온다.

그때에 여호와께서 모세에게 이르시되 보라 내가 너희를 위
하여 하늘에서 양식을 비같이 내리리니 백성이 나가서 일용
할 것을 날마다 거둘 것이라 이같이 하여 그들이 내 율법을
준행하나 아니하나 내가 시험하리라 출 16:4

이 말씀으로 큐티할 때 주님이 나를 칭찬해 주시는 것 같아서
얼마나 감사했는지 모른다. 주님은 이 말씀을 통해 내가 다른 시
험은 몰라도 일용할 양식을 날마다 거두는 시험은 통과했다고 말
씀해 주셨기 때문이다.
　그래서 매일 큐티해야 한다. 하나님이 그 일을 율법으로 정하
시고, 따르는지 안 따르는지 시험하실 정도로 중요한 일이라고 말
씀하셨기 때문이다.

영혼이 소생되는
기쁨을
알게 된다

　　나는 매일 아침 주님이 주시는 만나를 먹으면 내
영혼이 소생하는 경험을 많이 했다. 그것은 세상이 주는 것과 비
교할 수 없는 놀라운 기쁨이다. 세상이 주는 기쁨은 밖에서 들어
와야 하는 감정이지만, 주님이 주시는 기쁨은 내 안에서 충만하게
올라오는 기쁨, 샘처럼 솟아나는 기쁨이다.

　　나를 믿는 자는 성경에 이름과 같이 그 배에서 생수의 강이
　　흘러나오리라 하시니 요 7:38

　　그 기쁨은 요한복음에서 말하는 배에서 생수의 강이 흘러나오
는 것과 같다. 그 기쁨은 주 안에서 영혼이 소생됨을 경험한 자만

이 누릴 수 있다. 그 기쁨은 매일 아침 큐티를 하며 주님과 교제하지 않으면 얻을 수 없다.

연회장은 물로 된 포도주를 맛보고도 어디서 났는지 알지 못하되 물 떠온 하인들은 알더라 요 2:9

예수님이 물을 포도주로 바꾸는 기적을 행하실 때, 물 떠온 하인들만 그 사실을 알았다고 한다. 영혼이 소생하는 기쁨이란 바로 물 떠온 하인들만 아는 기쁨이다. 주님과 나만 아는 특별한 기쁨이다. 매일 아침, 말씀으로 주님을 만나는 사람만이 누리는 기쁨, 영혼이 소생된 사람만이 알 수 있는 특별한 기쁨이다.

그 기쁨을 알아 버리고 나면 세상 일이 재미없게 느껴지기 시작한다. 세상 소식만 전하는 TV가 재미없게 느껴지고, 세상을 구경하는 여행도 별로 내키지 않는다. 그리고 세상 이야기만 하는 사람이나 친구는 만나고 싶지도 않다는 생각까지 하게 된다. 그러다 보면 내가 정말 변했다는 생각을 하게 된다. 주변 사람들도 내게 변했다고 말하기 시작한다. 주님을 만나더니 정말 변한 것 같다고 말이다. 그러다가 나도 모르게 눈물이 나면서 주님을 기쁘시게 하고 싶다는 생각이 든다.

이렇게 말씀으로 영혼이 소생하면, 세상이 다르게 보이기 시작한다. 세상이 나를 위해 존재하는 것이 아니라 주님을 위해 존재한다는 것이 그냥 깨달아진다.

너의 하나님 여호와가 너의 가운데에 계시니 그는 구원을 베
푸실 전능자이시라 그가 너로 말미암아 기쁨을 이기지 못하
시며 너를 잠잠히 사랑하시며 너로 말미암아 즐거이 부르며
기뻐하시리라 하리라 습 3:17

그래서 스바냐서의 이 말씀이 찬양으로 입에서 터져 나온다. 상
상을 해 본다. 주님이 나 때문에 기쁨을 이기지 못하시고, 나를 잠
잠히 사랑하시고, 나로 말미암아 즐거이 부르시면 얼마나 좋을까.
그것은 주님의 기쁨이 내 기쁨이 되는 놀라운 경험이다. 그야말로
영혼이 소생한 사람만이 아는 새로운 기쁨이다. 계속해서 큐티해
본 사람이 알 수 있는 경이로운 기쁨이다. 주 안에서 영혼이 소생
된 사람이 누릴 수 있는 가장 큰 특권이다.

7

모든 것에 감사하는
온전한 감사를
하게 된다

영혼이 소생되는 기쁨을 경험하고 나면, 모든 것에 감사하는 마음이 생긴다. 이때의 감사는 주님을 처음 만나서 했던 철없는 감사가 아니다. 주님 한 분이면 만족한다는 고백을 하는 진짜 감사다. 온전한 감사다.

아이가 철이 들면 원하는 것을 주는 엄마가 감사한 게 아니라, 엄마 존재 자체가 감사하다는 사실을 깨닫게 되는 것과 같다.

날 구원하신 주 감사 모든 것 주심 감사
지난 추억 인해 감사 주 내 곁에 계시네
향기론 봄철에 감사 외론 가을날 감사
사라진 눈물도 감사 나의 영혼 평안해

응답하신 기도 감사 거절하신 것 감사
헤쳐나온 풍랑 감사 모든 것 채우시네
아픔과 기쁨도 감사 절망 중 위로 감사
측량 못할 은혜 감사 크신 사랑 감사해

길가에 장미꽃 감사 장미 가시도 감사
따스한 따스한 가정 희망 주신 것 감사
기쁨과 슬픔도 감사 하늘 평안을 감사
내일의 희망을 감사 영원토록 감사해

"날 구원하신 주 감사"라는 제목의 찬양을 들을 때면 가사 한 단어 한 단어가 가슴에 와 닿아 고개를 끄덕이게 되고, 급기야는 눈물이 터져 나온다. 풍랑과 아픔도 감사하다니, 어떻게 이런 고백이 가능할까. 그렇지만 주님 한 분만으로 감사하다는 것이 곧 이 찬양의 가사와 같다.

사실, 나도 처음 큐티를 할 때는 주님이 어떤 분인지 잘 몰랐다. 그래서 주님이 나를 위해 뭔가를 주실 때만 감사했다. 아이가 좋은 학교에 갔을 때 감사했고, 집을 사게 되었을 때 감사했다. 하지만 영혼이 소생되는 기쁨을 경험하고 나서는 감사가 달라졌다. 오늘도 변함없이 만나를 내리시고 먹게 해 주신 주님께 감사했다. 오늘도 변함없이 많은 사람과 만나를 나눌 수 있게 해 주셔서 감사했다.

그뿐이 아니다. 주님 말씀이 언제나 달콤하고 우리를 위로하는 것은 아니란 사실을 알게 되었지만, 그럼에도 모든 말씀에 감사하는 진짜 감사를 하게 되었다.

내가 천사의 손에서 작은 두루마리를 갖다 먹어 버리니 내 입에는 꿀같이 다나 먹은 후에 내 배에서는 쓰게 되더라 계 10:10

입에는 꿀같이 달콤한 말씀이지만, 그 말씀대로 행하며 살기란 굉장히 힘든 일이다. 말씀을 지키려는 나와, 말씀을 지키지 못하게 막는 사탄과의 본격적인 싸움이 시작되기 때문이다.

그럼에도 불구하고 매일 아침 만나를 내려 주시는 주님이 계시다는 사실, 그래서 오늘도 만나를 먹을 수 있게 하신 주님이 계시다는 사실이 얼마나 감사한지 모른다. 나는 이 감사가 진짜 감사라고 생각한다. 그래서 내 큐티의 마지막은 항상 "그래서 오늘도 감사한 날이다"로 끝난다. 주님이 어떤 일을 해 주셔서 감사한 것이 아니라, 오늘도 큐티할 수 있게 해 주셔서 감사하게 되었기 때문이다.

8

주님이 원하시는
사명을
갖게 된다

매일 아침 큐티를 하며 많은 사람과 나눈 지 8년
이 지났다. 이제는 알 것 같다.

나의 사랑하는 자가 내게 말하여 이르기를 나의 사랑, 내 어
여쁜 자야 일어나서 함께 가자 아 2:10

이런 말씀들이 나를 향한 주님의 부르심이었고, 내게 주신 사
명이었다는 것을 말이다. 그리고 나에게 부르심으로, 사명으로 깨
달아지는 말씀이 있다.

15 그들이 조반 먹은 후에 예수께서 시몬 베드로에게 이르시

되 요한의 아들 시몬아 네가 이 사람들보다 나를 더 사랑하느냐 하시니 이르되 주님 그러하나이다 내가 주님을 사랑하는 줄 주님께서 아시나이다 이르시되 내 어린 양을 먹이라 하시고 [16] 또 두 번째 이르시되 요한의 아들 시몬아 네가 나를 사랑하느냐 하시니 이르되 주님 그러하나이다 내가 주님을 사랑하는 줄 주님께서 아시나이다 이르시되 내 양을 치라 하시고 [17] 세 번째 이르시되 요한의 아들 시몬아 네가 나를 사랑하느냐 하시니 주께서 세 번째 네가 나를 사랑하느냐 하시므로 베드로가 근심하여 이르되 주님 모든 것을 아시오매 내가 주님을 사랑하는 줄을 주님께서 아시나이다 예수께서 이르시되 내 양을 먹이라 요 21:15-17

사실 이 말씀은 베드로를 향한 주님의 부르심, 베드로를 향한 사명의 말씀이다.

"네가 이 사람들보다 나를 더 사랑하느냐…내가 나를 사랑하느냐…네가 나를 사랑하느냐"

처음 이 말씀을 읽었을 때는 주님의 마음을 잘 몰랐다. 그래서 베드로에게 "네가 나를 사랑하느냐"라고 물으시는 주님 마음을 오해했다. 왜 같은 질문을 세 번이나 하시는 걸까 궁금했다. 그런데 이제는 그 이유를 알 것 같다.

이렇게 큐티를 계속하다 보면 본문 말씀을 통해 알려 주시는 주님 마음을 깨닫게 된다. 눈물이 왈칵 날 정도로 주님 마음이 느껴진다. 그런데 베드로는 이런 예수님의 마음을 아는지 모르는지 이렇게 답한다.

"내가 주님을 사랑하는 줄 주님께서 아십니다."

사랑하냐고 물었기 때문에 사랑한다고 대답한 것이다. 그런데 나는 정말 주님이 듣고 싶으셨던 대답은 이것이 아니었다고 생각한다. 주님이 진짜 듣고 싶으셨던 대답은 "주님, 걱정 마세요. 제가 주님을 사랑하니까 주님이 제게 맡기신 영혼들을 잘 돌보겠습니다"가 아니었을까?

이 말씀은 부활하신 주님이 하늘로 오르시기 바로 직전, 가장 사랑하는 제자 베드로에게 하신 질문이다. 베드로라면 주님이 사랑하시는 영혼들을 맡길 수 있을 것 같은 마음에 하신 질문이다. 그래서 주님은 사랑한다고 대답하는 베드로에게 이렇게 말씀하신다.

"내 어린 양을 먹이라…내 양을 치라…내 양을 먹이라."

그러니 주님이 원하신 대답은 "주님이 맡기신 영혼을 잘 돌볼 테니 걱정 마세요"였을 것이다. 물론, 내 생각이 틀릴 수도 있다.

하지만 나는 이렇게 큐티했다. 주님이 이런 마음을 주셨다. 큐티는 본문 말씀을 통해 나를 만나 주시고 나에게 말씀하시는 주님을 경험하는 것이라 생각한다.

주님은 이렇게 생각하는 나에게 베드로에게 물은 것과 똑같이 물으신다.

"네가 나를 사랑하느냐? 그렇다면 내 양을 먹이고, 내 양을 치거라."

그래서 나는 이렇게 대답했다.

"걱정 마세요, 주님. 주님이 저에게 맡겨 주신 영혼들을 잘 돌보겠습니다."

그러고 나니 주님의 기쁨이 내게도 느껴졌다. 그리고 다시 내게 말씀하시는 주님의 음성이 들리는 것 같았다.

"그래, 큐티로 네가 살아났다면 이제 남을 살리는 일, 다른 영혼들을 돌보는 일을 해라."

큐티란 이런 것이다. 주님의 마음이 알아지고, 주님의 모든 말씀이 내게 주시는 음성으로 들리는 것이다. 나는 이것이야말로 큐티를 하는 사람이 누릴 수 있는 가장 큰 복이라 생각한다.

이렇게 매일 아침 큐티하다 보면 주님의 마음이 알아지고, 주님의 마음이 알아지면 주님의 음성이 들리기 시작하고, 주님의 음성이 들리기 시작하면 주님이 사랑하시는 영혼들을 주님의 마음으로 사랑하게 된다. 그래서 주님이 사랑하시는 영혼들을 섬기고 살리는 일을 하게 된다.

기쁜 마음으로 섬기기를 주께 하듯 하고 사람들에게 하듯 하
지 말라 엡 6:7

부족하지만, 지금 내가 하고 있는 일이 바로 이 일이다. 내가 살
았으니 남도 살리는 일, 주님이 맡겨 주신 영혼들을 사람에게 하
듯 하지 않고 주께 하듯 섬기는 일이다. 그래서 나는 아침에 큐티
를 하고 나면 그 내용을 다른 형제자매와 나누면서 주님이 맡겨 주
신 영혼들을 섬기고 있다.

우리는 모두 주님의 사랑에 빚진 자이다. 그래서 우리는 받은 사
랑을 갚아야 한다. 그 방법이 바로 주님이 맡겨 주신 영혼들을 살리
는 일을 하는 것이다. 그래서 큐티해야 한다. 큐티는 하루 묵상, 하
루 적용으로 끝나는 것이 아니다. 큐티를 통해 주님을 사랑하게 되
고, 주님이 사랑하시는 영혼들을 돌보는 사명을 갖게 되는 것이다.

지혜 있는 자는 궁창의 빛과 같이 빛날 것이요 많은 사람을
옳은 데로 돌아오게 한 자는 별과 같이 영원토록 빛나리라
단 12:3

지혜 있는 자는 많은 사람을 옳은 길로 인도하며, 그런 자는 별
과 같이 영원토록 빛날 것이라고 한다. 그래서 나는 오늘도 만나
를 줍고, 먹고, 나눈다. 내가 그 일을 할 때 주님이 가장 기뻐하실
것을 알기 때문이다.

9

그리스도의
신부를
꿈꾸게 된다

지금 생각해도, 정말 꿈 같은 일이다. 어쩌다 나 같은 여자가 그리스도의 신부를 꿈꾸게 되었을까. 생각해 보면 모든 것이 주님의 은혜였다. 매일 아침마다 주님이 주시는 만나를 먹는 큐티를 하게 해 주신 것도 은혜였고, 그 시간을 통해 주님을 알게 된 것도 은혜였다. 그리고 그 시간을 통해 주님의 사랑을 알게 된 것도 은혜였고, 그 사랑에 감사해 주님을 사랑하게 된 것도 은혜였다. 모든 것이 은혜였다.

사실, 내가 처음부터 그리스도의 신부를 꿈꾸었던 것은 아니다. 처음 주님 주시는 만나를 먹기 시작했을 때 나는 주님이 어떤 분인지, 또 나를 얼마나 사랑하시는지 몰랐다. 오히려 주님을 많이 두려워했다. 혹시 교회를 빠지면 벌 받지 않을까, 큐티를 하루

쉬면 혼나지 않을까 하는 생각도 많이 했다. 구약을 읽어 보면 마치 하나님은 우리를 심판하시는 분, 벌 주시는 분 같았기 때문이다. 지금 생각하면 그것이 종의 영성 아니었나 싶다.

그때는 큐티를 해도 자유함이 없었다. 주님한테 잘 보이기 위해 말씀을 읽고 큐티를 했다. 그래서였는지 그때는 주님이 정말 우리를 위해 돌아가신 것이 맞나 의심할 때도 많았다. 도대체 얼마나 사랑하면 대신 죽을 수 있을까, 세상에 그런 사랑이 정말 가능할까 하면서 주님의 사랑을 제대로 믿지 못한 것이다. 주님의 사랑을 너무나 내 중심으로 생각했기 때문이다. 하지만 나는 그때도 큐티를 멈추지 않았다. 지금 생각하면 주님이 나를 붙들고 계셨던 것 같다.

하지만 이제는 나도 주님을 붙들고 있다. 세상 그 무엇보다 하나님과의 관계, 주님과 나와의 친밀한 관계가 중요하다는 것을 알게 되었기 때문이다. 그래서 나는 이제 더 이상 주님을 두려워하지 않는다. 자유함으로 큐티한다. 주님을 만나고 싶은 간절한 마음, 주님을 알기 원하는 간절한 마음, 그리고 주님의 사랑을 받고 싶은 간절한 마음 때문에 큐티한다.

이제 나는 그리스도의 신부를 꿈꾼다. 그래서 매일 밤 아가서 말씀으로 기도한다.

내게 입맞추기를 원하니 네 사랑이 포도주보다 나음이로구나 아 1:2

"주님 제게 입맞춰 주세요. 전 이제 주님의 사랑이 세상 그 무엇보다 좋다는 것을 알아버렸어요. 그러니 입맞춰 주세요. 그래서 깊은 잠을 자고 있던 내 영혼이 온전히 깨어나기 원합니다. 주님의 신부되기 원합니다."

영적인 깊은 잠은 주님의 입맞춤 없이는 깨어날 수 없다. 영적인 깊은 잠에서 깨어날 때 비로소 그리스도의 신부가 될 수 있다. 이제 나는 주님의 입맞춤으로 깨어나 주님이 그토록 원하셨던 그리스도의 신부의 길을 가기 원한다. 물론, 그 길이 쉽지 않다는 걸 안다.

[13] 좁은 문으로 들어가라 멸망으로 인도하는 문은 크고 그 길이 넓어 그리로 들어가는 자가 많고 [14] 생명으로 인도하는 문은 좁고 길이 협착하여 찾는 자가 적음이라 마 7:13-14

좁은 문이고, 좁은 길일지라도 나는 그곳으로 갈 것이다. 생명으로 인도하는 문은 좁고, 그 길은 협착할지라도 길 끝에는 나를 기다리시는 나의 신랑 예수님이 계시기 때문이다.

[19] 내가 네게 장가 들어 영원히 살되 공의와 정의와 은총과 긍휼히 여김으로 네게 장가 들며 [20] 진실함으로 네게 장가 들리니 네가 여호와를 알리라 호 2:19-20

진실함으로 나에게 장가들기 원하시는 주님이 기다리고 계시기 때문이다.

그날을 생각하면 가슴이 뛴다. 내가 그리스도의 신부가 되어 사랑하는 주님을 만나는 날에 사랑하는 딸도 만나기 때문이다. 그래서 나는 오늘도 주님이 주시는 만나를 먹는 큐티를 멈출 수 없다.

나는 더 이상 주님을 두려워하지 않는다.
자유함으로 큐티한다.
주님을 만나고 싶은 간절한 마음,
주님의 사랑을 받고 싶은
간절한 마음 때문에 큐티한다.

Part 3

어떻게
큐티해야
풍성해질까

1

주님을 만나고 싶은
간절한 마음으로 한다

큐티를 하는 데 있어서 가장 중요한 것은 무엇일까? 그것은 주님을 만나고 싶고, 주님을 찾고 싶은 간절한 마음으로 하는 것이다.

나를 사랑하는 자들이 나의 사랑을 입으며 나를 간절히 찾는
자가 나를 만날 것이니라 잠 8:17

우리가 큐티를 하는 이유는 주님을 찾고, 주님을 만나고, 주님의 사랑을 입으며 동행하는 삶을 살기 위해서다. 그런데 주님은 아무나 만나 주시지 않는다. 또, 주님의 사랑은 아무나 입는 것이 아니다. 주님은 간절히 찾는 자를 만나 주시고, 그분의 사랑을 간절히 구하는 자에게 그 사랑을 입혀 주신다.

사람이 많은 백화점이나 놀이공원 같은 곳에서 자녀를 잃어버렸다고 상상해 보자. 우리는 어떤 마음으로 아이를 찾을까. 찾아도 그만, 안 찾아도 그만일까? 절대 아니다. 아이를 못 찾으면 차라리 죽는 게 낫다는 간절한 마음으로 찾는다. 큐티도 그렇다. 아이를 잃어버린 엄마가 아이를 찾는 마음으로 주님을 찾아야 한다.

나는 처음 이 말씀을 읽으면서 "간절히"라는 단어를 주의 깊게 보지 못했다. 그래서 그냥 주님을 찾으면 된다고 생각했다. 그런데 그게 아니었다. 주님은 그냥 무심한 마음으로 찾아서는 만날 수 없는 분이란 것을 알았다.

주님은 간절한 마음으로 찾아야 한다.

간절한 마음으로 성경을 읽어야 하고, 간절한 마음으로 큐티 본문을 읽어야 하고, 간절한 마음으로 주님의 음성을 듣기 원해야 한다. 그래야 주님을 찾을 수 있고, 주님을 만날 수 있고, 주님의 음성을 들을 수 있고, 주님의 사랑을 입을 수 있다.

얼마 전 어느 목사님의 간증을 들었다. 주님이 그 목사님을 부르실 때 "내 사랑을 입은 자여"라고 하신단다. 그 목사님이 많이 부러웠다. 그래서 나도 결심했다. 언제가 될지 몰라도 간절히 주님을 찾고, 주님을 사랑하여 주님으로부터 "내 사랑을 입은 자여"라고 불리고 말겠다고 말이다. 그런 간절한 마음으로 주님을 만나고, 그분의 음성을 듣기 위해 큐티할 것이다.

2

특별한 방법은
없다고 생각한다

내가 큐티를 한다는 사실을 아는 지인들에게서 종종 어떻게 큐티를 하면 되는지 방법에 관한 질문을 받는다. 본문은 몇 번을 읽는 것이 좋은지, 큐티 시간은 얼마나 잡고 하면 좋은지, 적용은 어떻게 하면 좋은지 등이다.

사실 큐티에는 특별한 방법도, 특별한 형식도 없다. 본문을 한 번 읽어도 좋고, 두 번 읽으면 더 좋고, 세 번 읽으면 더욱 더 좋다고 생각한다. 하지만 본문의 모든 내용이 이해될 때까지 여러 번 읽어야 한다고는 생각하지 않는다. 묵상이나 적용도 그렇다. 묵상이 어려우면 어려운 대로, 적용이 어려우면 어려운 대로 각자에게 주시는 은혜만큼 하면 된다고 생각한다.

내게 주신 은혜로 말미암아 너희 각 사람에게 말하노니 마

땅히 생각할 그 이상의 생각을 품지 말고 오직 하나님께서
각 사람에게 나누어 주신 믿음의 분량대로 지혜롭게 생각하
라 롬 12:3

각 사람에게 나누어 주신 믿음의 분량이 있다. 그만큼 읽고 묵
상하면 된다. 마땅히 생각할 그 이상의 생각을 하지 말고 적용하
면 된다. 틀린 묵상, 틀린 적용이 어디 있겠는가. 어차피 큐티는 주
님과의 만남이고, 주님이 주시는 만나를 먹는 것이다. 우리 주님
은 틀린 묵상을 한다고 야단치지 않으시고, 틀린 적용을 해도 사
랑한다고 말씀해 주신다.

사실, 나도 처음 큐티할 때는 무조건 잘하고 싶었다. 그래서 교
회에서 하는 "더 깊은 묵상"이란 주제의 강의를 신청해서 들은 적
이 있다. 소그룹 모임으로 듣는 강의였는데, 그때 우리 그룹의 조
장 권사님에게 어찌나 야단맞았는지 모른다.

"묵상은 그렇게 하면 안 되요. 적용도 그렇게 하면 안 되지요.
다른 말씀을 붙여서 적용하면 안 됩니다."

그때 정말 힘들었다. 큐티를 그만둘까 생각도 했었다. 내가 큐
티하는 이유는 주님을 만나고 싶고, 내려주시는 만나를 먹고 싶
고, 그분의 음성을 듣고 싶어서인데, 이렇게 어려운 거였다면 차
라리 안 하는 게 낫겠다는 생각이 들었다.

그날 큐티 본문이 로마서 12장 3절이었다. 이 구절이 주님이 내
게 말씀하시는 음성으로 들렸다.

"마땅히 생각할 그 이상의 생각을 품지 말고 그냥 네 믿음의 분량대로 큐티하거라."

이후로 나는 큐티를 할 때 너무 잘하려고 애쓰지 않는다. 사람이 보기에 멋진 적용을 하려고 애쓰지도 않는다. 내 믿음의 분량만큼, 마땅히 생각할 그 이상의 생각을 품지 않고 편하게 묵상하고 적용한다. 주님이 내게 원하시는 마음이 무엇인지 알게 되었기 때문이다.

주님은 매일 주님 앞에 앉아 주님이 주시는 만나를 먹고 싶어 하는 마음, 주님을 찾고 싶어 하는 마음, 주님을 만나고 싶어 하는 마음, 주님을 알고 싶어 하는 마음, 주님의 음성을 듣고 싶어 하는 마음을 그 무엇보다 중요하게 생각하신다. 그 어떤 제사나 번제보다 하나님 아는 것을 더 중요하게 생각하신다.

나는 인애를 원하고 제사를 원하지 아니하며 번제보다 하나님을 아는 것을 원하노라 호 6:6

그렇게 매일 아침 주님이 주시는 만나를 먹으며 큐티한 지 어느덧 8년, 어린아이가 자라듯 나의 믿음도 자랐다. 주님을 향한 내 사랑도 많이 성숙해졌다. 주님이 이런 내 모습을 보시며 흐뭇해하시지 않을까 생각한다.

매일 주님이 주시는 새 만나를 먹으며 주님을 만나고 싶고, 알고 싶고, 음성을 듣고 싶은 마음으로 지금까지 큐티를 해 왔다. 솔

주님은
주님이 주시는 만나를 먹고 싶어 하는 마음,
주님을 만나고 싶어 하는 마음,
주님의 음성을 듣고 싶어 하는 마음을
그 무엇보다 중요하게 생각하신다.

직히 매일 아침 주님이 주시는 만나를 먹다 보면, 이런 내 모습을 보시며 기뻐하시고, 칭찬해 주시는 주님이 느껴질 때가 많다. 그럴 때마다 이 기쁨을 아무에게도 빼앗기지 않겠다고 다짐한다.

사실, 나는 제대로 하는 게 별로 없는 사람이다. 씩씩하게 어딜 혼자 다니지도 못하고, 운동도 끝까지 제대로 하는 게 없다. 운동은커녕 산책도 제대로 못 한다. 추우면 추워서, 더우면 더워서, 바람이 불면 바람이 불어서, 눈이 내리면 땅이 미끄러워서 못 한다. 내가 생각해도 정말 한심하다. 하지만 나는 매일 아침 주님이 주시는 만나를 먹는 큐티는 한다.

몇 가지만 하든지 혹은 한 가지만이라도 족하니라 마리아는 이 좋은 편을 택하였으니 빼앗기지 아니하리라 하시니라 눅 10:42

이 말씀으로 큐티할 때도 얼마나 위로를 받았는지 모른다. 주님이 매일 아침 큐티하는 나에게 제일 좋은 편을 택했다고 칭찬해 주시는 것 같아 너무나 기뻤다.

나는 이제 주님을 기쁘시게 하겠다는 생각으로 너무 많은 것을 하려고 하지 않는다. 큐티 한 가지라도 제대로 해서 주님을 기쁘시게 하려고 한다. 왜냐하면 주님은 우리의 외모보다 마음의 중심을 보시는 분이기 때문이다.

내가 보는 것은 사람과 같지 아니하니 사람은 외모를 보거니
와 나 여호와는 중심을 보느니라 하시더라 삼상 16:7

주님은 내가 하고 있는 큐티가 많이 부족하고, 때로는 잘못된
적용을 했을지라도, 가장 좋은 편을 택했다고 말씀해 주실 것을 믿
는다. 주님은 매일 아침 주님이 주시는 만나를 먹고 싶어 하는 내
마음의 중심을 보시는 분이기 때문이다. 그리고 매일 아침 주님의
발 앞에 앉아 있는 나를 기뻐하시는 분이기 때문이다.

3

큐티할 때,
성경 통독을
함께하기를 권한다

　나는 큐티도 좋아하지만, 그 시간에 성경 통독을
함께하는 것을 더 좋아한다. 큐티를 할 때 성경 통독을 같이하면
정말 많은 도움이 된다. 큐티가 나무를 보는 것이라면, 통독은 숲
을 보는 것이다.

　그래서 큐티와 통독을 함께하면 성경의 큰 그림과 그 안에 있는
세밀한 묘사까지 함께 보여 평소 이해하기 어려웠던 상황들이 더
쉽게 이해되고 깨달아진다. 아울러서 미처 몰랐던 주님의 마음이
더 깊이 이해된다. 그러다 보면 주님은 어려운 말씀들을 다른 말
씀으로 풀어 주시기도 한다.

　너희는 여호와의 책에서 찾아 읽어보라 이것들 가운데서 빠

　진 것이 하나도 없고 제 짝이 없는 것이 없으리니 이는 여호

와의 입이 이를 명령하셨고 그의 영이 이것들을 모으셨음이
라 사 34:16

이 말씀을 저 말씀으로 풀어 주시고, 저 말씀을 이 말씀으로 풀어주시는 주님을 만날 때의 기쁨은 말로 다 표현 못 한다. 유명 맛집의 음식도 내가 먹어 봐야 진가를 알 수 있듯 큐티도 직접 해 봐야 그 맛을 안다. 큐티도, 성경 통독도 그렇다. 내가 직접 큐티하지 않고, 내가 직접 말씀을 읽지 않으면 아무리 말씀이 꿀송이같이 달다고 해도, 그 말을 이해하지 못한다.

그래서 큐티를 하고 성경을 읽으며 주님을 만나고, 말씀으로 말씀하시는 주님을 경험하면 어려운 말씀이 생겨도 여기저기 물어보지 않는다. 어려운 일이 생겨도 여기저기 찾아다니지 않는다. 성경 속의 모든 말씀으로 나에게 말씀해 주시는 주님을 경험하기 때문이다.

물론, 주님은 내가 듣고 싶어 하는 구절을 그날 바로 말씀해 주시지 않을 때도 있다. 한 달 뒤 혹은 두 달 뒤에 말씀하실 때도 있다. 몇 년 뒤에 말씀하시기도 한다. 하지만 주님은 그때가 언제인지 몰라도 꼭 말씀해 주신다. 나는 주님의 때에 말씀해 주신다고 생각한다. 그래서 큐티를 하고, 성경을 읽다 보면 주님이 말씀하시는 때를 기다릴 줄 알게 된다. 무슨 일이 생겨도 조급해하지 않는다. 때가 되면 말씀해 주실 주님을 온전하게 믿게 되었기 때문이다.

4

큐티하기 전,
필사해 보기를 권한다

　　큐티하기 전에 큐티 본문을 필사해 보는 것이 참 좋은 방법이라 생각한다. 나는 매일 아침 큐티는 하지만, 큐티 본문을 필사해 본 적은 없다. 그런데, 남편은 2년 전부터 큐티를 하기 전에 본문을 필사하고 묵상한다. 그러니까, 나는 큐티 본문을 읽고 묵상하기 시작하는데, 남편은 큐티 본문을 노트에 한 번 쓰고 묵상을 시작하는 것이다.

　　사실, 남편에게 필사를 권한 사람은 나다. 3년 전 어느 날, 나는 해 본 적도 없는 성경 필사를 남편에게 권했다. 그런데 처음 1년 동안은 이런저런 핑계를 대면서 하지 않던 남편이 2년 전부터 필사를 시작했다. 그리고 2년이 지난 지금, 남편의 큐티 깊이가 정말 놀랄 정도로 달라졌다. 그야말로 깊은 묵상, 깊은 적용이다. 함께 큐티를 나누다 보면 깜짝깜짝 놀란다.

너희는 우리로 말미암아 나타난 그리스도의 편지니 이는 먹으로 쓴 것이 아니요 오직 살아 계신 하나님의 영으로 쓴 것이며 또 돌판에 쓴 것이 아니요 오직 육의 마음판에 쓴 것이라 고후 3:3

눈으로 본문을 읽으며 말씀을 돌판에 쓴 것 같은 내 큐티와, 본문을 필사하면서 말씀을 마음판에 새기는 남편의 큐티는 정말 수준이 다르게 느껴진다. 그래서 나도 매일 아침 남편처럼 필사를 먼저 하고 큐티해야지 생각하는데, 솔직히 쉽지는 않다.

고린도후서 말씀처럼 하나님의 말씀인 그리스도의 편지는 "먹으로 쓴 것이 아니요 오직 살아 계신 하나님의 영으로 쓴 것"이다. 그래서 우리의 마음판에 새기듯 꼭꼭 씹어 먹으며 큐티해야 한다. 남편이 큐티하기 전 먼저 본문을 필사하는 모습을 볼 때마다 저것이 주님이 원하시는 제대로 만나를 먹는 법, 제대로 큐티하는 법이란 생각이 든다. 본문을 여러 번 읽는 것보다 한 번 써보는 것이 내용을 이해하기도 쉽고, 주님과 주님 마음을 알아가는 데 훨씬 좋은 방법 같다.

그렇다고 큐티하기 전에 무조건 본문을 필사해야 한다는 말은 아니다. 나도 못 하고 있다. 하지만 시간 여유가 있고, 조금 더 깊이 있게 주님을 만나고 싶다면 필사를 권하고 싶다. 나도 언젠가는 하려고 다짐한다. 필사를 하면서 만나게 될 또 다른 모습의 주님이 기대된다.

아직 필사는 못 하지만 오늘도 큐티하며 만나를 내려주시는 주
님을 만날 수 있으니 감사하다.

시간 여유가 있고,
조금 더 깊이 있게 주님을 만나고 싶다면
필사를 권하고 싶다.
나도 언젠가는 하려고 다짐한다.
필사를 하면서 만나게 될
또 다른 모습의 주님이 기대된다.

Part 4

나를 살린
만나들

1

지친 영혼을
위로한
만나들

절실한 기도

그런즉 너희는 먼저 그의 나라와 그의 의를 구하라 그리하면
이 모든 것을 너희에게 더하시리라 마 6:33

아이를 하늘나라에 보내고 한국으로 와 온누리교회를 나가게
되었는데, 그해 교회 표어가 마태복음 6장 33절 말씀이었다. 그래
서인지 지금도 이 구절은 나에게 특별하다. 아직도 홀 정중앙에
큰 글자로 써 있던 이 말씀을 잊지 못한다.

그때는 아이와 헤어진 지 얼마 되지 않았던 때라 정말 많이 힘
들었다. 예배 드릴 때마다 이 말씀을 보았지만 어떤 의미인지 잘
몰랐다. 솔직히 알려고 하지도 않았다. 그런데 어느 날 문득 그의

나라와 그의 의를 구한다는 것이 무슨 뜻일까 궁금해졌다. 지금 같았으면 성경을 찾아보고 앞뒤 구절들도 읽어 보았을 텐데, 그때는 그러지 않았다. 다 귀찮고 힘들다는 생각뿐이었다.

그러다 8년이 흘렀다. 큐티하면서 만나를 먹기 시작한 지도 벌써 8년이 되었다. 그래선지 지금은 그 말씀의 뜻을 알 것 같다. 당시 나는 기도하면서도 무엇을 먹을까, 무엇을 입을까, 무엇을 마실까 하는 것들은 구하지 않았다. 내게 그런 것들은 아무런 의미가 없었다. 다만 나는 매일 주님께 엎드려 이렇게 구했다.

"주님, 제발 저 좀 만나 주세요. 그렇지 않으면 저 죽을 것 같아요. 왜 우리 딸이 그렇게 큰 병에 걸렸는지, 왜 우리 딸을 데려가셨는지 이제 저는 어떻게 살아야 하는지 말씀해 주세요."

그때 내게는 주님을 만나는 것보다 더 절박한 일은 없었다. 지금 생각해 보면 그때 내가 했던 기도가 하나님 나라와 의를 구하는 기도였던 것 같다. 8년이 지난 지금, 하나님은 무엇을 먹을까, 무엇을 입을까, 무엇을 마실까 구하지 않았던 나에게 더 많은 것을 더하여 주셨다. 주님은 나 같은 사람에게 말씀으로 찾아와 주시고, 말씀을 믿게 하시고, 주님을 사랑하게 하셨다. 그리고 큐티하게 하시고, 많은 사람에게 큐티를 보내는 일까지 하게 하셨다. 정말 나에게 너무나 과분한 많은 것을 더해 주신 삶이다.

오늘도 감사하다. 내 삶에서 말씀으로 응답해 주시고, 많은 것을 더해 주신 주님께 감사하다. 그래서 오늘도 감사한 날이다.

아픔이 소망 되는 날

¹ 예수께서 눈을 들어 부자들이 헌금함에 헌금 넣는 것을 보시고 ² 또 어떤 가난한 과부가 두 렙돈 넣는 것을 보시고 ³ 이르시되 내가 참으로 너희에게 말하노니 이 가난한 과부가 다른 모든 사람보다 많이 넣었도다 ⁴ 저들은 그 풍족한 중에서 헌금을 넣었거니와 이 과부는 그 가난한 중에서 자기가 가지고 있는 생활비 전부를 넣었느니라 하시니라 눅 21:1-4

주님은 우리의 외모를 보시지 않고 중심을 보시는 분이다. 부자의 헌금보다 자신의 모든 것을 드렸던 과부의 헌금을 더 귀하게 보시는 분이다. 사실 과부가 드린 생활비 전부의 가치는 부자가 드린 한 번의 헌금보다 적다. 하지만 우리의 중심을 보시는 주님은 과부의 마음과 정성을 더 중요하게 보신다.

3월 14일 오늘은 하늘나라에 간 딸의 생일이다. 세상에선 아무 의미 없는 날일지 몰라도 내게는 너무나 소중한 날이다. 그래서 아침부터 큐티 책을 폈지만 본문은 잘 읽히지 않고 딸 생각만 났다. 그러다 문득 그런 생각이 들었다. 딸은 자기가 가진 모든 것을 주님께 드린 과부 같은 삶을 살았다. 딸은 스물일곱 살의 어린 나이에 짧은 삶을 마치고 하늘나라에 갔지만, 그 누구보다 주님을 뜨겁게 사랑했기 때문이다. 나 같은 사람이 예순 살이 넘도록 주님을 사랑한 것보다 수백 배, 아니 수만 배 더 뜨겁게 주님을 사랑했기 때문이다.

지금 내가 주님을 사랑하는 마음이 부자가 드린 헌금 같다고 한다면, 딸이 주님을 사랑한 마음은 과부가 가진 모두를 드린 헌금과 같다. 이런 생각을 하니 이렇게 귀한 딸, 이렇게 자랑스러운 딸을 주신 주님께 감사하다. 그럼에도 오늘 같은 날에는 너무나 딸이 보고 싶어 눈물이 자꾸 난다. 날씨까지 흐려서 그런지, 마음이 더 힘들다.

하지만 나는 딸에게 부끄러운 엄마는 되지 않을 거다. 물론 딸만큼 주님을 사랑할 자신은 없다. 그래도 주님을 뜨겁게 사랑하며 살 것이다. 그래서 주님 만나는 날 "그래, 제니퍼 엄마야 수고했다"라는 칭찬을 꼭 듣고 싶다. 사랑하는 딸에게는 "엄마, 많이 힘들었지? 그래도 우리 이렇게 다시 만났잖아"라는 말을 꼭 듣고 싶다.

오늘도 감사하다. 사실 오늘은 침대에서 일어나면서부터, 아니 어제 밤부터 마음이 많이 힘들었다. 그런데 역시 말씀의 힘은 대단하다. 이렇게 내 마음을 만져 주시고, 위로해 주시니 감사하다. 말씀을 읽고, 말씀으로 위로받을 수 있으니 감사하고, 새롭게 살아갈 소망까지 주시니 감사하다. 그래서 오늘도 감사한 날이다.

마지막 때를 살아가는 방법

¹ 너는 이것을 알라 말세에 고통하는 때가 이르러 ² 사람들이 자기를 사랑하며 돈을 사랑하며 자랑하며 교만하며 비방하며 부모를 거역하며 감사하지 아니하며 거룩하지 아니하며 ³ 무정하며 원통함을 풀지 아니하며 모함하며 절제하지 못하며 사나우며 선한 것을 좋아하지 아니하며 ⁴ 배신하며 조급하며 자만하며 쾌락을 사랑하기를 하나님 사랑하는 것보다 더하며 ⁵ 경건의 모양은 있으나 경건의 능력은 부인하니 이 같은 자들에게서 네가 돌아서라 딤후 3:1-5

옛날 어르신들이 젊은 세대들을 보면서 입버릇처럼 중얼거리던 말이 있다. "말세야 말세"다. 시대와 풍조는 언제나 말세인가 싶게 했지만, 나는 지금이야말로 말세에 고통하는 때라고 생각한다. 너무 많은 사람이 우리 주님을 사랑하지 않고 자기를 사랑하고 있기 때문이다. 돈을 사랑하며 자랑하고 있기 때문이다. 남을 비방하기 좋아하며 교만이 하늘을 찌르고 있기 때문이다. 부모에게 감사하지 않고 거역하고 있기 때문이다. 무정하고 원통한 일을 풀지 않고 있기 때문이다. 쾌락을 사랑하기를 하나님 사랑하는 것보다 더하고 있기 때문이다.

사실 동성애, 성폭력, 데이트 폭력 등은 말도 안 되는 자기 사랑이고, 극단적이요 이기적인 사랑이다. 이런 극단적 사랑에 빠진 사람들은 하나님이 말씀하신 진짜 사랑을 모른다. 남을 사랑하는 것처럼 보여도 사실은 온전히 자기만을 사랑하는 것이기 때문이다. 그래서 자기를 사랑해 주지 않는 상대가 있으면 그를 이해하기는커녕 죽이기까지 한다.

성경은 분명하게 말씀한다. "이 같은 자들에게서 네가 돌아서라"고 말이다. 그들은 말로 가르치라고 하지 않았다. 그들과 싸우라고도 하지 않았다.

> [10] 또 내게 말하되 이 두루마리의 예언의 말씀을 인봉하지 말라 때가 가까우니라 [11] 불의를 행하는 자는 그대로 불의를 행하고 더러운 자는 그대로 더럽고 의로운 자는 그대로 의를 행하고 거룩한 자는 그대로 거룩하게 하라 계 22:10-11

요한계시록에도 마지막 때에는 불의를 행하는 자, 더러운 자를 그대로 두라고 한다. 그런 자들 때문에 내 믿음이 방해받을 수 있기 때문이다. 지금, 마지막 때를 살고 있는 우리는 믿음을 잃지 않도록 더욱 집중하여 지켜야 한다.

오늘도 감사하다. 마지막 때를 살고 있는 우리에게 중심을 하나님께 두고 살아가는 법에 대해 말씀해 주시니 감사하다. 그래서 오늘도 감사한 날이다.

온전히 사랑하시는 유일한 분

그동안 나는 사랑에 대해 너무 큰 오해를 했던 것 같다. 내가 사
랑을 하려고 애썼기 때문이다. 내가 오래 참으려 애썼고, 내 유익
을 구하지 않으려 애썼고, 성내지 않으려 애썼고, 악한 것을 생각
하지 않으려 애썼다. 또 불의를 기뻐하지 않으며 진리와 함께 기
뻐하려 애썼다. 그런데 이제 알았다. 이 사랑은 내가 할 수 있는
사랑이 아니었다. 나는 사랑하는 척은 할 수 있지만 절대로 온전
한 사랑을 할 수 없는 사람이었다.

그리고 알았다. 지금 내가 이 온전한 사랑을 받고 있다는 사실
을. 나에게 이 사랑을 주는 분은 남편도, 딸도 아니다. 바로 예수
님이다. 내가 남편과 딸을 온전하게 사랑할 수 없듯이, 남편과 딸
도 나를 온전히 사랑해 줄 수는 없다. 우리는 서로 모든 것을 참

지 못하고, 믿지 못하고, 바라지 못하고, 견디지 못하기 때문이다.

하지만 우리 예수님은 다르다. 예수님은 언제나 우리를 참고, 믿고, 모든 것을 바라며 견디신다. 그래서 고린도전서 13장은 우리에게 온전한 사랑을 하라고 하신 말씀이 아니라, 우리가 그 온전한 사랑을 받고 있다는 사실을 잊지 말라고 해 주신 말씀이라 생각한다.

주제넘게 이 사랑을 하겠다는 내게 스스로를 속이지 말라 말씀해 주시는 주님, 그리고 이 사랑을 나와 우리 모두에게 주시는 주님께 너무나 감사하다. 그래서 오늘도 감사한 날이다.

뭘 얼마나 잘살겠다고

¹⁷ 네가 이 세대에서 부한 자들을 명하여 마음을 높이지 말고 정함이 없는 재물에 소망을 두지 말고 오직 우리에게 모든 것을 후히 주사 누리게 하시는 하나님께 두며 ¹⁸ 선을 행하고 선한 사업을 많이 하고 나누어 주기를 좋아하며 너그러운 자가 되게 하라 ¹⁹ 이것이 장래에 자기를 위하여 좋은 터를 쌓아 참된 생명을 취하는 것이니라 딤전 6:17-19

디모데전서의 마지막 말씀이 너무나 감동이고 감사고 은혜다. 언제나 그렇지만, 오늘 큐티 본문도 나한테 말씀하시는 주님의 음성으로 들린다.

사실, 요즘 괜히 마음이 불안했다. 올 한 해도 다 가고 있는데 아무것도 한 게 없는 것 같아 그랬다. 이제 남은 세 달을 어떻게 보내야 하나, 어떻게 보내야 주님이 기뻐하실까 고민이 많았다. 그런데 쓸데없는 생각 말고 오늘 말씀처럼 살라고 하시니 너무나 감사하다. 그래서 오늘 말씀에 내 이름을 넣어 큰 소리로 읽어 보았다.

"애경아, 마음을 높이지 말고, 정함이 없는 재물에 소망을 두지 말고, 오직 우리에게 모든 것을 후히 주사 누리게 하시는 하나님께 두자. 선을 행하고 선한 사업을 많이 하고 나누어 주기를 좋아하며 너그러운 자가 되자. 이것이 장래에 자기를 위하여 좋은 터를 쌓아 참된 생명을 취하는 것이다."

모든 말씀이 주님이 나한테 주시는 음성이라 생각하니 감사하다. 그래선지 이렇게 옮겨 쓰면서도 눈물이 난다. 나는 도대체 뭘 얼마나 잘살아 보겠다고 이렇게 힘들어한 걸까?

내게 주신 은혜로 말미암아 너희 각 사람에게 말하노니 마땅히 생각할 그 이상의 생각을 품지 말고 오직 하나님께서 각 사람에게 나누어 주신 믿음의 분량대로 지혜롭게 생각하라 롬 12:3

그냥 하나님이 주신 내 믿음의 분량만큼, 마땅히 생각할 그 이상의 생각을 품지 않고 살면 되는 건데 말이다. 솔직히 내 마음 깊은 곳에 잘하고 싶은 마음이 있었던 것 같다. 이제부터는 마음을 가다듬어 높이지 않고, 오직 우리에게 후히 주시는 하나님께만 두어야겠다. 역시 말씀밖에 없다.

오늘도 감사하다. 아무리 마음이 힘들어도 이렇게 말씀을 읽고 나면, 내 영혼이 소생하는 느낌이 들기 때문이다. 그래서 오늘도 감사한 날이다.

피할 길은 주님뿐

[10] 또 이르시되 민족이 민족을, 나라가 나라를 대적하여 일어나겠고 [11] 곳곳에 큰 지진과 기근과 전염병이 있겠고 또 무서운 일과 하늘로부터 큰 징조들이 있으리라 [12] 이 모든 일 전에 내 이름으로 말미암아 너희에게 손을 대어 박해하며 회당과 옥에 넘겨 주며 임금들과 집권자들 앞에 끌어가려니와 [13] 이 일이 도리어 너희에게 증거가 되리라 [14] 그러므로 너희는 변명할 것을 미리 궁리하지 않도록 명심하라 [15] 내가 너희의 모든 대적이 능히 대항하거나 변박할 수 없는 구변과 지혜를

너희에게 주리라 눅 21:10-15

예수님은 앞으로 일어날 일에 대해 구체적으로 말씀해 주신다. 민족이 민족을, 나라가 나라를 대적하고, 큰 지진과 기근과 전염병, 무서운 일과 하늘로부터 큰 징조들이 있을 것이라고 말씀하신다. 또 박해가 있을 것과, 옥에 갇힐 것과, 임금과 집권자들 앞에서 끌려갈 것을 말씀하신다. 하지만 이 일이 도리어 증거가 된다고 하신다. 그러니 변명할 것을 미리 궁리하지 말라 하신다. 대적이 능히 변박할 수 없는 구변과 지혜를 주시겠다고 하신다.

주님은 참 좋으신 분이다. 앞으로 일어날 일을 이렇게 소상히 말씀해 주시고, 피할 길도 구체적으로 가르쳐 주신다. 그런데 세상은 예수님 같지 않다. 지금 우크라이나에서 일어난 전쟁을 보면 알 수 있다. 앞으로 어떤 일이 생길지, 어디로 가면 피할 수 있을지 어느 누구도 가르쳐 주지 않는다. 도리어 서로가 서로를 속이고 눈을 가린다.

이 세상에서 우리가 마음 둘 곳이 어디에 있겠는가. 우리가 피할 길은 오직 주님뿐이다. 주님은 피할 길을 내시고 우리를 기다려 주신다. 천년을 하루같이 기다려 주신다.

8 사랑하는 자들아 주께는 하루가 천 년 같고 천 년이 하루 같다는 이 한 가지를 잊지 말라 9 주의 약속은 어떤 이들이 더

디다고 생각하는 것같이 더딘 것이 아니라 오직 주께서는 너희를 대하여 오래 참으사 아무도 멸망하지 아니하고 다 회개하기에 이르기를 원하시느니라 벧후 3:8-9

주님이 이렇게 기다려 주시는 이유는 우리를 너무 사랑하기 때문이다. 우리에 대해 오래 참으사 아무도 멸망하지 않고 다 회개하기 원하시기 때문이다.

오늘도 감사하다. 마지막 때에 대해 말씀해 주시고, 준비하게 하시고, 피할 길도 알려 주시니 감사하다. 무엇보다 나를 향한 주님의 마음에 감사하다. 천년을 하루같이 기다리시며 마지막을 준비하라고 하시는 주님의 마음이 전해져 너무나 감사하다. 그래서 오늘도 감사한 날이다.

2

고난당할 때
힘을 주신
만나들

포도나무에 열매가 없어도

17 비록 무화과나무가 무성하지 못하며 포도나무에 열매가 없으며 감람나무에 소출이 없으며 밭에 먹을 것이 없으며 우리에 양이 없으며 외양간에 소가 없을지라도 18 나는 여호와로 말미암아 즐거워하며 나의 구원의 하나님으로 말미암아 기뻐하리로다 19 주 여호와는 나의 힘이시라 나의 발을 사슴과 같게 하사 나를 나의 높은 곳으로 다니게 하시리로다 이 노래는 지휘하는 사람을 위하여 내 수금에 맞춘 것이니라 합 3:17-19

올 한 해 많이 힘들었다. 코로나 탓에 사람들 만나기가 어려워졌고, 자영업자를 비롯해 많은 사람이 경제적으로 어려움을 겪었다. 설상가상, 친정어머니가 두 번이나 넘어져 고생을 하셨다. 나는 우울증이 심해져 매일 큐티하며 말씀을 읽는데도 힘들었다.

하지만, 오늘 하박국 말씀을 읽는데 찔림이 생긴다. 나는 내가 무화과나무에 소출이 없어도, 포도나무에 열매가 없어도, 우리에 양이 없어도, 외양간에 소가 없어도 여호와 한 분으로 즐거워하는 사람이라 생각했었다.

그런데 아니었다. 나는 무화과나무에서 소출을 원했고, 포도나무에서 열매, 그것도 많은 열매를 원했고, 우리에 가득한 양을 원했고, 외양간에 소가 있기를 원했다. 나는 여호와 한 분으로 즐거워하는 사람, 나의 구원만으로 기뻐하는 사람이 아니었다. 갑자기 주님께 죄송한 마음이 든다. 내가 나도 속였지만, 주님을 더 많이 속인 것같이 느껴지기 때문이다.

다시 큰 소리로 하박국서의 말씀을 읽으며 고백하는 나에게 주님이 말씀하신다.

"나는 너의 힘이다. 너의 발을 사슴과 같게 해서 너를 높은 곳으로 다니게 해 주겠다."

순간, 내 마음 깊은 곳에서 기쁨과 즐거움이 차오르기 시작한다. 사실, 이 맛에 큐티한다. 이 맛에 만나를 줍고, 만나를 먹는다.

오늘도 나를 향해 말씀하시며, 언제나 변함없이 나를 사랑해 주시는 주님이 계시다는 것을 깨닫게 해 주시니 감사하다. 주님이 주시는 이 친밀함과 기쁨과 즐거움은 매일 아침 큐티를 안 했다면 알 수 없는 기쁨이고, 즐거움이다. 그래서 오늘도 감사한 날이다.

제자가 되는 길

⁴² 이르시되 아버지여 만일 아버지의 뜻이거든 이 잔을 내게
서 옮기시옵소서 그러나 내 원대로 마시옵고 아버지의 원대
로 되기를 원하나이다 하시니 ⁴³ 천사가 하늘로부터 예수께
나타나 힘을 더하더라 ⁴⁴ 예수께서 힘쓰고 애써 더욱 간절히
기도하시니 땀이 땅에 떨어지는 핏방울같이 되더라 눅 22:42-44

그동안 누가복음을 여러 번 읽었는데 "천사가 하늘로부터 예수
께 나타나 힘을 더하더라"(43절)라는 말씀은 처음 본 것 같다.

예수님은 이 잔을 옮겨 달라고 기도하시는데, 하나님은 그 잔을
옮기지 않으시고 대신 천사를 보내서 견딜힘을 주셨다는 게 너무
놀랍고 은혜가 된다. 어떻게 하나님은 아들이 저렇게 힘들어하는
데 피할 길을 주시지 않고, 천사를 보내서 이길 힘만 주셨을까. 그
런데 더 놀라운 것은 내 원대로 하지 마시고 아버지의 원대로 하
시라고 기도하는 예수님이다.

너는 내가 내 아버지께 구하여 지금 열두 군단 더 되는 천사
를 보내시게 할 수 없는 줄로 아느냐 마 26:53

사실, 예수님은 아버지께 구하여 당장 열두 군단 더 되는 천사를 보내 달라 하실 수 있는 분이다. 그런데 그렇게 하지 않으시고, 아버지의 원대로 하라고 하신다. 그게 아버지의 뜻을 이루는 일이기 때문이다.

사실, 나는 하나님이 천사를 보내 주시면 무조건 살려 주시고, 무조건 도와주시고, 무조건 좋은 일이 생기는 줄 알았다. 그런데 아니다. 하나님은 그런 분이 아니다. 하나님은 당신의 뜻을 이루기 위해서 견디기 힘든 고난을 허락하시고, 천사를 보내서서 견딜 힘을 주시는 분이다.

나도 아이가 하늘나라에 가고, 죽을 만큼 힘들었다. 물론, 예수님의 십자가 고통과는 비교할 수 없겠지만 매일매일 괴로워 몸부림치며 울었다. 그런데 새삼 그때를 돌아보면 하나님은 나에게도 천사를 통해 이길 힘을 주신 것 같다. 그래서 그 시간을 견딜 수 있었던 것 같다.

어제는 근처에 있는 공원으로 꽃구경을 갔었다. 활짝 핀 벚꽃에 이제 막 떨어지기 시작하는 개나리까지, 정말 공원에서 꽃 잔치가 벌어진 것 같았다. 그런데 나는 그 꽃들을 보며 생각했다. 저 나무들은 어떻게 추운 겨울을 지내고, 저렇게 예쁜 꽃들을 활짝 피워낼 수 있었을까.

저 나무들에게 겨울은 참으로 견디기 힘든 고통의 시간이었을 것이다. 그래서 이 혹독한 겨울을 빨리 지나가게 해 달라고 하나님께 기도했을지 모른다. 그런데 하나님은 그렇게 하지 않으셨다.

저 나무들에게도 천사를 보내어 추운 겨울을 견딜힘을 주셨다. 그래서 긴 겨울을 견디게 하셨고, 아름다운 꽃을 피우게 하셨다.

나에게도 힘들고 괴로웠던 많은 시간이 있었지만, 천사까지 보내서 그 시간을 견디게 해 주신 주님께 감사하다. 그래서 오늘도 감사한 날이다.

수건이 벗겨질 날

¹¹ 그런즉 내가 내 입을 금하지 아니하고 내 영혼의 아픔 때문에 말하며 내 마음의 괴로움 때문에 불평하리이다 ¹² 내가 바다니이까 바다 괴물이니이까 주께서 어찌하여 나를 지키시나이까 ¹³ 혹시 내가 말하기를 내 잠자리가 나를 위로하고 내 침상이 내 수심을 풀리라 할 때에 ¹⁴ 주께서 꿈으로 나를 놀라게 하시고 환상으로 나를 두렵게 하시나이다 ¹⁵ 이러므로 내 마음이 뼈를 깎는 고통을 겪느니 차라리 숨이 막히는 것과 죽는 것을 택하리이다 ¹⁶ 내가 생명을 싫어하고 영원히 살기를 원하지 아니하오니 나를 놓으소서 내 날은 헛것이니이다 욥 7:11-16

나도 아이를 하늘나라로 데려가신 하나님을 원망하며 욥처럼 울부짖은 적이 있다. 그때 마음을 어떻게 설명할 수 있을까. 이 세상에 아이의 존재가 없다는 게 받아들여지지 않았다. 다들 살아있는데, 계절도 바뀌고 꽃도 피는데, 왜 우리 딸만 이 세상에 없어야 하는지 받아들일 수 없었다.

그래서 나도 욥처럼 하나님을 원망했다. 차라리 나도 데려가라고 소리 지르며 짐승처럼 울었다. 그때 알았다. 사람이 너무 괴롭고 힘들어 죽고 싶어지면 온몸에서 짐승 소리가 난다는 것을 알았다.

그때 나는 딸을 데려간 하나님께 복수해야겠다고 생각했다. 그래서 하루 종일 어떻게 해야 하나님께 복수할 수 있나 생각했다. 그러다 죽기를 결심했다. 내가 죽는 길이 하나님께 복수하는 길인 것 같았다. 그렇게 짐승처럼 울부짖으며 하나님을 원망하며 죽어야겠다고 생각하던 어느 날, 문득 그런 생각이 들었다.

'도대체 나는 지금 왜 이렇게 하나님을 원망하면서 울고 있는 거지?'

그때 알았다. 내가 이렇게 하나님을 원망하며 죽어야겠다고 생각하는 자체가 하나님의 살아 계심을 인정하는 것이라는 사실을. 그리고 도저히 살 힘이 없던 내가 하나님을 의지하고 있다는 것을. 그렇지 않았다면 하나님을 원망할 필요도 없고, 하나님께 복수해야겠다고 생각하며 그렇게 울 일도 없었을 것이다.

아마 욥도 나와 같은 마음이었을 것이다. 하나님을 원망하면 원망할수록, 하나님께 불평하면 불평할수록 그 마음에 하나님의 살아 계심을 더 인정하고 있는 자신을 발견했을 것이다. 그렇게 울기를 몇 달, 드디어 나의 고백이 달라졌다.

"하나님이 살아 계시다면 저 좀 만나 주세요. 더는 원망하지 않을 테니 저를 만나 주세요. 그래서 저에게 왜 이런 일이 생겼는지, 왜 이런 일을 허락하신 건지 말씀해 주세요."

그 뒤로 많은 시간이 흘렀다. 하나님을 원망하며 소리 지르던 내가 주님이 주신 만나를 먹는 큐티를 하고 있다. 물론 지금도 딸을 생각하면 마음이 아프다. 솔직히 아직도 하나님의 뜻을 완전히 알 수 없다. 이런 고난을 허락하신 이유도 알 수 없다. 하지만 이렇게 하루하루 주님이 주시는 만나를 먹는 큐티를 하면서 살다 보면, 주님을 만나는 날 수건이 벗겨지는 날이 올 것이라 믿는다.

> [16] 그러나 언제든지 주께로 돌아가면 그 수건이 벗겨지리라 [17] 주는 영이시니 주의 영이 계신 곳에는 자유가 있느니라 [18] 우리가 다 수건을 벗은 얼굴로 거울을 보는 것같이 주의 영광을 보매 그와 같은 형상으로 변화하여 영광에서 영광에 이르니 곧 주의 영으로 말미암음이니라 고후 3:16-18

그날은 자유가 있는 날, 수건을 벗은 얼굴로 거울을 보는 것같이 주의 영광을 보는 날, 영광에서 영광을 이루는 날, 그리고 사랑하는 딸도 만나는 날이다.

아직, 나의 고난이 끝나지 않았지만, 그래도 감사하려고 한다. 무조건 감사하려고 한다. 하나님이 나를 자녀 삼아 주셨기 때문이다. 하나님의 모든 말씀을 믿게 하셨고, 우리에게 하신 모든 약속의 말씀도 믿게 하셨기 때문이다. 그래서 오늘도 감사한 날이다.

불가능을 가능으로

[1] 이에 다리오 왕이 조서를 내려 문서창고 곧 바벨론의 보물을 쌓아둔 보물전각에서 조사하게 하여 [2] 메대도 악메다 궁성에서 한 두루마리를 찾았으니 거기에 기록하였으되 [3] 고레스 왕 원년에 조서를 내려 이르기를 예루살렘에 있는 하나님의 성전에 대하여 이르노니 이 성전 곧 제사 드리는 처소를 건축하되 지대를 견고히 쌓고 그 성전의 높이는 육십 규빗으로, 너비도 육십 규빗으로 하고 [4] 큰 돌 세 켜에 새 나무 한 켜를 놓으라 그 경비는 다 왕실에서 내리라 [5] 또 느부갓네살이 예루살렘 성전에서 탈취하여 바벨론으로 옮겼던 하나님의 성전 금, 은 그릇들을 돌려보내어 예루살렘 성전에 가져다가 하나님의 성전 안 각기 제자리에 둘지니라 하였더라 [6] 이제 유브라데강 건너편 총독 닷드내와 스달보스내와 너희

동관 유브라데강 건너편 아바삭 사람들은 그 곳을 멀리하여 7 하나님의 성전 공사를 막지 말고 유다 총독과 장로들이 하나님의 이 성전을 제자리에 건축하게 하라 8 내가 또 조서를 내려서 하나님의 이 성전을 건축함에 대하여 너희가 유다 사람의 장로들에게 행할 것을 알리노니 왕의 재산 곧 유브라데 강 건너편에서 거둔 세금 중에서 그 경비를 이 사람들에게 끊임없이 주어 그들로 멈추지 않게 하라 9 또 그들이 필요로 하는 것 곧 하늘의 하나님께 드릴 번제의 수송아지와 숫양과 어린 양과 또 밀과 소금과 포도주와 기름을 예루살렘 제사장의 요구대로 어김없이 날마다 주어 10 그들이 하늘의 하나님께 향기로운 제물을 드려 왕과 왕자들의 생명을 위하여 기도하게 하라 스 6:1-10

놀라우신 하나님이다. 하나님은 다리오에게 고레스의 조서를 찾게 하시고, 성전 건축의 모든 과정을 이루시고 도우셨다. 하나님은 이런 분이다. 도우실 때면 이렇게 도와주신다. 이건 내가 할테니, 저건 네가 하라고 하지 않으신다. 경제적 문제는 물론, 생각지도 않았던 모든 일까지 한 번에 해결해 주신다. 그래서 하나님의 자녀들은 무슨 일이 생겼을 때 스스로 해결하겠다고 고민할 필요도, 도움 줄 사람을 찾아다닐 필요도 없다. 그저 모든 것을 하나님께 맡기고 그분의 도우심을 기다리면 된다.

미국에서 변호사 시험을 준비하던 둘째 딸이 한국에 나와서 한동대학교 법률대학원을 가게 되었다. 그곳에서 만난 남학생과 결혼을 했고, 두 사람 모두 변호사가 되었다. 그 과정은 지금 생각해도 기적처럼 느껴진다. 하나님이 성전 건축을 위해 사방에서 도우시고 해결해 주신 것처럼 하나님은 딸의 일도 사방에서 도우시고 해결해 주셨기 때문이다.

나는 둘째 딸이 한국에서 법률대학원을 다니게 될 줄은 꿈에도 몰랐다. 딸은 미국에서 미국변호사 시험 공부를 하고 있었기 때문이다. 하지만 나는 항상 한국에서 딸과 같이 살게 되면 얼마나 좋을까 생각했었다. 하지만 현실적으로 정말 불가능한 일이었다.

그런데 나는 어느 날 큐티를 하다가 〈생명의 삶〉 뒷면에 실린 광고를 보게 되었다. 한동대학교에 있는 법률대학원에서 학생을 모집한다는 광고였다. 날짜를 보니 서류 마감 날짜가 일주일도 남지 않은 상황이었다. 그때 마침 둘째 딸은 여름방학을 맞아 한국에 나와 있었다. 그래서 나는 일단 입학원서부터 내자고 했다. 그랬더니 딸은 펄쩍 뛰면서 갑자기 무슨 말이냐며, 자기는 한국말도 잘 몰라서 절대로 한국에 있는 학교에 다닐 수 없다고 했다.

사실 딸은 무엇인가를 즉흥적으로 하는 것을 좋아하지 않았다. 돌다리도 두드려 보고 건너라 하지 않았나. 딸은 수십 번은 두드리고 또 두드리는 타입이었다. 무슨 일이든 하나하나 검증하며 차근차근 해결해 가곤 했다. 그런 딸에게 당장 일주일 안에 계획에도 없던 한국 법률대학원에 원서를 내라고 했으니, 이 역시 현실적으로 불가능해 보였다.

하지만 나는 다음 날 아침 일찍 한동대학교로 전화를 걸었다. 입학원서를 내려고 하는데, 무슨 서류가 필요한지 물었다. 그러면서 딸이 미국 대학을 나와 그러니 서류 제출 기한을 조금 더 줄 수 있는지 물어봤다. 그랬더니 일단 입학원서를 내면 서류는 조금 기다려 주겠다면서, 대학교 교수님으로부터 영어로 된 추천서를 두 개 받아오라고 했다. 난감했다. 미국 대학에 이메일을 보내도 적어도 두 달 이상 걸릴 일이었다. 사정을 이야기했더니 그러면 한국에 아는 교수님, 안되면 아는 목사님 추천서라도 받아 오란다. 미국에 계신 교수님 추천서는 나중에 받도록 하겠단다.

그때 나는 한국에 온 지 얼마 안 되었을 때라 아는 목사님이 없었다. 급한 대로 친구에게 전화했다. 친구는 온누리교회에 다니고 있었는데, 지금 온누리교회에 목회사관학교 일로 목사님들이 모여 계시니 거기로 가서 1층 로비에 있다가 제일 먼저 만나는 목사님에게 부탁을 해 보란다.

이보다 황당한 일이 있을 수 있을까. 그런데 달리 방법이 없었다. 그래서 택시를 잡아타고 무조건 온누리교회로 갔다. 그리고 친구 말대로 1층 로비로 뛰어 들어갔다. 그런데, 정말 거짓말처럼 저쪽에서 이상준 목사님이 걸어오시는 게 아닌가. 그래서 얼른 뛰어가 목사님께 인사를 드리며 이야기했다.

"저는 온누리교회에 다니는 홍애경입니다. 제가 갑자기 딸을 한동대학교 법률대학원에 보내게 되었는데, 당장 모레까지 목사님의 추천서가 필요하다고 합니다. 죄송하지만 딸의 추천서를 써 주실 수 있을까요?"

지금 생각하면 이상준 목사님이 정말 당황하셨을 것 같다. 내 무엇을 믿고 추천서를 써 주시겠는가. 그런데 목사님은 "그럼, 딸의 연락처를 주세요. 제가 딸과 통화를 해서 어떻게 써야 할지 물어보겠습니다"라고 하셨다. 나는 얼른 수첩을 한 장 찢어 딸과 내 연락처를 적어 드렸다. 그리고 이틀 뒤 목사님의 전화를 받았다. 목사님이 추천서를 써서 한동대학교 법률대학원에 보냈다는 소식이었다. 그렇게 나는 3일 만에 모든 서류를 한동대에 보냈다.

모처럼 한숨을 돌리고 있는데, 한동대학교에서 전화가 왔다. 서류가 한 개 부족해서 우리가 보낸 입학원서를 접수할 수 없다고 하는 것이 아닌가. 추천서가 두 개 필요한데 한 개밖에 오지 않았다는 것이다.

순간, '그래, 하나님이 허락하시면 가게 될 것이고, 허락 안 하시면 못 가게 되겠지'란 마음이 들었다. 그런데 딱 두 시간 뒤 다시 학교에서 전화가 왔다. 우리 딸이 미국 국적을 가진 외국인이라 일주일 더 시간을 주겠다는 것이다. 나는 지난번 도움을 받았던 친구에게 또 연락을 했다. 친구가 아는 권사님 남편이 교수님인데, 소개를 해 주겠다고 했다.

그날 밤, 나는 친구가 이야기한 교수님의 연락처를 전해 받았다. 그 즉시 교수님께 전화했더니 교수님도 딸과 통화하고 싶다며 연락처를 물었다. 그리고 이틀 뒤 나는 한동대에서 모든 서류가 접수되었다는 전화를 받았다. 친구에게도 연락을 해 고맙다고 이야기했다.

6개월 후 딸은 한동대학교 법률대학원에 입학했다. 정말, 기적 같은 일이 일어난 것이다. 그때 일을 생각하면 지금도 믿을 수 없다. 하나님은 이렇게 일하시는 분이다. 도우실 때는 이렇게 도와주신다. 학교 문제, 결혼 문제, 직장 문제를 한 번에 해결해 주신다. 우리 가족은 모두 그때 이야기를 하면 하나님이 하신 일이라고 고백한다. 하나님은 모든 것을 준비해 주시고, 사람을 보내 주시고, 일을 해결해 주셨다. 그래서 우리는 모두 하나님의 도우심을 기다려야 한다. 그때 살아 계신 하나님, 내 삶에서 역사하시는 하나님을 경험하기 때문이다.

내 삶에서, 딸의 삶에서, 우리 가족 전체의 삶에서 역사하시고 도우셨던 하나님을 생각하면 지금도 정말 감사하다. 생각해 보니 큐티하게 해 주신 주님께 감사하다. 큐티를 하지 않았다면, 〈생명의 삶〉 뒷면에 실렸던 한동대학교 법률대학원 모집 광고를 못 봤을 것이다. 그래서 오늘도 감사한 날이다.

하나님의 따뜻한 위로

¹⁴ 여호와여 그러하여도 나는 주께 의지하고 말하기를 주는 내 하나님이시라 하였나이다… ²⁰ 주께서 그들을 주의 은밀한 곳에 숨기사 사람의 꾀에서 벗어나게 하시고 비밀히 장막에 감추사 말 다툼에서 면하게 하시리이다 ²¹ 여호와를 찬송할지어다 견고한 성에서 그의 놀라운 사랑을 내게 보이셨음이로다 ²² 내가 놀라서 말하기를 주의 목전에서 끊어졌다 하였사오나 내가 주께 부르짖을 때에 주께서 나의 간구하는 소리를 들으셨나이다 ²³ 너희 모든 성도들아 여호와를 사랑하라 여호와께서 진실한 자를 보호하시고 교만하게 행하는 자에게 엄중히 갚으시느니라 ²⁴ 여호와를 바라는 너희들아 강하고 담대하라 시 31:14, 20-24

오늘 다윗의 고백이 정말 최고다. 우리가 다 알고 있듯 다윗은 그리 녹록한 인생을 살지는 못했다. 십 년을 사울에게 쫓기더니 왕이 되어서는 아들에게 쫓겼다. 그런 다윗이 어떤 상황에서도 주를 의지하겠다고, 주는 내 하나님이라고 고백한다. 부르짖을 때 하나님이 내 간구하는 소리를 들으셨다고 고백한다. 이런 다윗이기에 하나님은 그를 보호하신다. 은밀한 곳에 숨기기도 하시고,

비밀히 장막에 감추서서 말다툼을 면하게도 하신다.

어젯밤에는 아는 집사님과 통화했는데, 너무 기분 나쁘고 힘든 일이 있었다고 했다. 믿었던 친구가 다른 친구에게 집사님에 관해 나쁜 이야기를 했다는 것이다. 그런데 내가 듣기에 집사님이 믿었던 친구도 나쁘지만, 그런 이야기를 집사님에게 전해 준 친구가 더 나쁜 것 같았다. 나는 집사님을 위로하며 오늘 큐티 본문인 시편 31편 말씀을 크게 읽어 보라고 권했다.

사실 나도 친했던 집사님 때문에 마음 상한 적 있다. 《오늘도 만나를 줍는 여자》가 출간되어 그 책을 선물했는데, 그 집사님이 "나는 괜찮아. 책은 안 읽어도 돼. 방송에서 간증하는 거 다 봤는데 뭘. 책 내용도 같은 거 아니야?"라고 하는 것이다. 맞는 말이기는 했지만 마음이 많이 상했다. 나는 그 집사님이라면 누구보다 기쁜 마음으로 축하해 주고 책을 읽어 줄 것이라 생각했기 때문이다.

그날 밤 잠이 오지 않았다. 거실로 나와 성경을 폈는데, 마침 시편 31편이 펼쳐졌다. 그때 나는 다윗의 기도를 읽으면서 큰 위로를 받았다. 주님은 내가 잠까지 못 자면서 힘들어하는 일이, 다윗이 시편 31편을 썼을 때의 상황과 비교하면 정말 아무 일도 아니란 것을 깨닫게 해 주셨기 때문이다. 그리고 나를 힘들게 했던 집사님을 위해 기도까지 하게 하셨다.

다음 날 아침 일찍 친구 때문에 마음이 다쳤던 집사님에게서 연락이 왔다. 집사님도 시편 31편 말씀을 읽으며 큰 위로를 받았다고 했다.

마음이 힘들 때, 세상의 위로가 아닌 하나님의 위로를 경험하게 하시니 감사하다. 그리고 내가 위로받은 말씀으로 또 누군가를 위로할 수 있으니 더욱 감사하다. 그래서 오늘도 감사한 날이다.

걱정 마

하나님의 뜻대로 하는 근심은 후회할 것이 없는 구원에 이르게 하는 회개를 이루는 것이요 세상 근심은 사망을 이루는 것이니라 고후 7:10

세상에는 두 가지 종류의 근심이 있다. 하나님 뜻대로 하는 근심과 세상 근심이다. 바울은 하나님 뜻대로 하는 근심은 후회할 것 없이 구원에 이르게 하는 회개를 이루고, 세상 근심은 사망을 이룬다고 했다.

솔직히 나도 안다. 하나님의 뜻대로 하는 근심은 생명으로 인도하고, 세상 근심은 사망으로 인도한다. 그런데 나는 오늘도 세상 근심을 하고 있다. 바로 이것이 문제다. 알면서도 세상 근심을 하고 있는 것이다.

지난 2년 코로나로 너무나 힘들었다. 이제는 거리두기도 완화되고 사업장이 좀 나아지나 싶다가도, 다시 확진자가 늘면 걱정이 된다. 그런데 우리 가게 옆에 있는 뷔페식당은 언제나 손님이 많다. 많은 정도가 아니고 손님이 번호표를 받고 줄까지 서서 들어간다. 그 가게 앞을 지날 때마다 기분이 안 좋다. 우리 가게와 마주보고 있는 죽집도 마찬가지다. 그 가게도 손님이 많다. 하루는 남편에게 물었다.

"왜 죽집은 볼 때마다 우리 가게보다 손님이 많은 거야?"

그러면 남편은 "그렇지 않아. 아까는 우리 가게에 손님이 더 많았어"라고 말해 준다. 그리고 덧붙여 한마디한다.

"아이고, 걱정 마세요. 당신이 오랜만에 가게 나와서 그렇게 보이는 거야. 요즘 같은 때에 장사 잘되는 가게 별로 없어. 아무 걱정 말고 큐티 열심히 해."

그러면 나는 아침에 한 큐티를 또 하느냐고 볼멘소리를 한다. 남편은 성경이라도 읽으란다. 가게에서 무슨 성경을 읽느냐고 타박하면 남편이 그런다.

"걱정 마. 하나님이 다 알아서 해 주실 거야. 그동안도 우리가 한 게 뭐 있어. 하나님이 다 알아서 해 주신 거지."

남편에게 이런 말을 들을 때마다 부끄럽다. 나는 믿음이 있다고 하면서도 세상 걱정을 많이 하는 편이다. 그런데 남편은 아니다. 내가 보기에 남편은 믿음이 크지 않아 보이는데, 결정적일 때 하나님이 모든 것을 책임지실 거라는 대단한 믿음을 갖고 있다.

생각해 보면 나는 감사할 게 너무 많다. 온 세계가 팬데믹이라는 어려움에 빠졌지만 나와 우리 가족은 이렇게 건강하지 않은가. 또 믿음 좋은 남편을 주신 것도, 날마다 말씀 읽을 수 있는 것도 감사하다. 감사할 수 있는 마음을 주신 것도 감사하다. 감사할 게 너무 많다. 그런데도 세상 걱정과 근심을 하고 있다니, 너무나 부끄럽다.

그러므로 내일 일을 위하여 염려하지 말라 내일 일은 내일이
염려할 것이요 한날의 괴로움은 그날로 족하니라 마 6:34

나는 이 말씀을 좋아하면서도 말씀대로 살지 못하고 있다. 나이가 들어서 그런지, 무슨 일이 생기면 밤새 뒤척이며 염려하느라 잠을 못 잔다. 내일 일은 내일이 염려할 것이라 하셨는데, 나는 내일 일을 내가 염려하고 있다. 내가 밤새 걱정한다고 달라지는 것이 무엇인가. 하나도 없다. 그런데도 염려를 놓지 못한다.

오늘도 말씀을 통해 나를 부끄럽게 하시고, 나를 돌아보게 하시니 감사하다. 그래서 오늘도 감사한 날이다.

3

일상의 문제를
풀어 준
만나들

나도 어쩔 수 없는 어른이라

⁴⁶ 제자 중에서 누가 크냐 하는 변론이 일어나니 ⁴⁷ 예수께서
그 마음에 변론하는 것을 아시고 어린아이 하나를 데려다가
자기 곁에 세우시고 ⁴⁸ 그들에게 이르시되 누구든지 내 이름
으로 이런 어린아이를 영접하면 곧 나를 영접함이요 또 누구
든지 나를 영접하면 곧 나를 보내신 이를 영접함이라 너희 모
든 사람 중에 가장 작은 그가 큰 자니라 눅 9:46-48

예수님은 어린아이를 특별하게 생각하시는 것 같다. 어린아이
하나를 데려다가 자기 곁에 세우시고 누구든지 내 이름으로 어린
아이를 영접하면 곧 나를 영접하는 것이라 하셨기 때문이다. 또,

어린아이같이 가장 작은 자가 가장 큰 자라 하셨기 때문이다.

³ 이르시되 진실로 너희에게 이르노니 너희가 돌이켜 어린아
이들과 같이 되지 아니하면 결단코 천국에 들어가지 못하리
라 ⁴ 그러므로 누구든지 이 어린아이와 같이 자기를 낮추는
사람이 천국에서 큰 자니라 마 18:3-4

주님은 또 어린아이같이 되지 않으면 결단코 천국에 들어가지
못한다고 말씀하셨다. 처음 이 구절을 읽었을 때 예수님은 어린아
이만 좋아하시는가 생각했다. 그런데 예수님이 말씀하신 것은 그
런 의미가 아닌 것 같다. 주님은 진짜 어린아이가 아니라, 어린아
이 같은 마음을 가진 사람을 말씀하신 거란 생각이 든다. 어른이
지만, 어린아이같이 순수하고 깨끗한 마음을 가진 어른, 어린아이
와 같이 자기를 낮추는 어른이다.

여기 한 아이가 있어 보리떡 다섯 개와 물고기 두 마리를 가
지고 있나이다 그러나 그것이 이 많은 사람에게 얼마나 되겠
사옵나이까 요 6:9

그래서인지, 나는 오병이어 기적 속에 나오는 아이가 진짜 어
린아이가 아니었을 수도 있다고 큐티한 적이 있다. 진짜 아이였다
면 그 아이가 보리떡 다섯 개와 물고기 두 마리를 꺼낼 때 옆에서

엄마가 가만있었을까? 오히려 아이의 손을 잡고 도로 빼앗아 가방 속 깊은 곳에 숨겼을 수도 있다. 사실 내가 이렇게 큐티한 것은 내가 그런 엄마였기 때문이다.

정말 오래 전 일이다. 지금은 결혼해 살고 있는 둘째 딸이 유치원 다닐 때의 일이다. 온 가족이 디즈니랜드를 갔다. 정확한 가격은 기억나지 않지만, 디즈니랜드 입장료가 굉장히 비쌌던 것은 확실하다. 어렴풋이 성인은 한국 돈으로 8만 원 정도, 일곱 살 이하 어린아이는 3만 원 정도였다.

사실 그러면 안 되지만, 당시 미국에 사는 한국 엄마들은 디즈니랜드에 들어갈 때 살짝 거짓말을 하기도 했다. 한국 아이들은 미국 아이들보다 몸집이 작기 때문에 매표소 직원이 잘 알아보지 못했다. 그래서 나도 매표소 가는 길에 둘째 딸에게 말했다.

"제니스야, 혹시 표 파는 사람이 몇 살이냐고 물어보면 여섯 살이라고 해."

그랬더니 아이가 대답을 하지 않았다. 그래서 다시 한번 주의를 주었다.

"제니스야, 무조건 여섯 살이라고 해. 그래야 표를 싸게 살 수 있단 말이야."

그랬더니 딸이 말했다.

"나는 그냥 일곱 살이라고 할 거야."

나는 단호한 아이의 모습에 깜짝 놀라 말했다.

"그건 절대 안 돼. 너 가격 차가 얼마나 큰지 알기나 해? 50달러나 된단 말이야. 그러니까 무조건 여섯 살이라고 해야 해."

그랬더니 딸이 너무나 충격적인 말을 했다.

"엄마, 나 원래 일곱 살이잖아. 나는 속이기 싫어. 엄마가 먼저 내 주면 내가 집에 가서 그동안 모았던 용돈 엄마 다 줄게. 그러니까 그냥 일곱 살이라고 해."

과연 내가 어떻게 했을 것 같은가? 나는 아이 눈치, 매표소 직원 눈치, 남편 눈치까지 살피다가 원래 생각한 대로 아이가 여섯 살이라고 말했다. 결국 디즈니랜드에 들어간 둘째 딸은 울었고, 남편은 화를 냈고, 큰딸은 중간에서 눈치를 보느라 안절부절했다. 덕분에 오랜만에 큰맘 먹고 온 가족이 놀러 갔다가 기분 좋게 놀지도 못하고 돌아왔다.

나는 그런 어른이었다. 돈 몇 푼 때문에 아이에게 거짓말을 강요하고, 남편을 화나게 하고, 온 가족의 기분을 엉망으로 만들던 그런 어른이었다.

하지만 감사하다. 지금까지 나는 어린아이같이 순수한 마음을 가진 어른은 아니지만, 그래도 큐티하는 이 순간만큼은 어린아이 같이 낮아진 마음으로 순종하며 만나를 먹고 있으니 감사하다. 그래서 오늘도 감사한 날이다

분수 이상의 자랑

¹³ 그러나 우리는 분수 이상의 자랑을 하지 않고 오직 하나님
이 우리에게 나누어 주신 그 범위의 한계를 따라 하노니 곧
너희에게까지 이른 것이라… ¹⁷ 자랑하는 자는 주 안에서 자
랑할지니라 ¹⁸ 옳다 인정함을 받는 자는 자기를 칭찬하는 자
가 아니요 오직 주께서 칭찬하시는 자니라 고후 10:13, 17-18

오늘 말씀을 읽는데 마음에 찔림이 생긴다. 분수 이상의 자랑
을 한 것 같았던 일이 생각나기 때문이다. 나는 드러내고 자랑하
는 사람은 아니다. 그런데 내 안에는 분수 이상의 자랑을 하고 싶
은 교만한 마음이 분명 있다.

얼마 전, 식당에 간 적이 있는데, 갑자기 앞 테이블에 앉아 있
던 어떤 여자 손님이 나를 보며 벌떡 일어나더니 "어머나" 하며 아
는 척을 했다. 순간 저 여자가 나를 알아보는구나 생각했다. 내 책
을 읽었거나 내가 나온 방송을 봤나 했다. 그래서 괜히 마스크까
지 빼고 눈인사를 하며 웃어도 줬다. 그런데 그 여자가 아는 척했
던 사람은 내가 아니었다. 내 뒤 테이블에 있던 여자였다. 얼마나
창피하던지. 얼마나 부끄럽던지.

그뿐이 아니다. 교회에 갔을 때 누가 인사를 하면 같은 교인이

니까 그냥 인사할 수도 있는 건데, 꼭 한번 생각한다. 혹시 내 책을 읽었나? 혹시 내가 나온 방송을 봤나? 그럴 때마다 생각한다. 내가 미쳤구나. 내가 지금 무슨 생각을 하고 있는 건가. 그러고 보니 내 안에 누군가 나를 알아봐 줬으면 하는 마음이 있었다. 분수 이상의 자랑을 하고 싶은 마음이다. 주님의 칭찬을 받고 싶은 마음이 아니라, 내 스스로 나를 칭찬하고 싶은 마음이다.

이런 말씀을 볼 때마다 예전에 있었던 일까지 생각나게 하시고 교만했던 내 마음을 고백하게 하시니 감사하다. 그래서 오늘도 감사한 날이다.

남편의 사랑과 현숙한 아내

너희가 이런 일도 행하나니 곧 눈물과 울음과 탄식으로 여호와의 제단을 가리게 하는도다 그러므로 여호와께서 다시는 너희의 봉헌물을 돌아보지도 아니하시며 그것을 너희 손에서 기꺼이 받지도 아니하시거늘 말 2:13

하나님은 학대받는 아내들의 눈물과 울음과 탄식을 보신다. 그리고 아내를 학대하고 울게 만든 남편들의 제사를 받지 않으신다. 그런 남편들이 드리는 예배는 받지 않으신다. 참 좋으신 하나님이다.

그런데 이런 생각을 해 봤다. 요즘 여자들이 왜 억세졌을까. 사랑받아야 하는데 도리어 학대를 받다 보니 그런 것 아닐까. 나는 남자가 여자를 때리고 울리는 것만이 학대라고 생각하지 않는다. 사랑하지 않는 것도 학대라고 생각한다.

> [18] 여호와 하나님이 이르시되 사람이 혼자 사는 것이 좋지 아니하니 내가 그를 위하여 돕는 배필을 지으리라 하시니라…
> [22] 여호와 하나님이 아담에게서 취하신 그 갈빗대로 여자를 만드시고 그를 아담에게로 이끌어 오시니 [23] 아담이 이르되 이는 내 뼈 중의 뼈요 살 중의 살이라 이것을 남자에게서 취하였은즉 여자라 부르리라 하니라 창 2:18, 22-23

여자는 존재 자체가 남자의 돕는 배필, 남자의 갈빗대로 만들어진 남자의 뼈 중의 뼈고 남자의 살 중에 살이다. 사실 하나님은 여자를 만드실 때도 아담을 만들 때처럼 진흙으로 만드실 수 있었다. 그런데 그렇게 하지 않으셨다. 일부러 아담을 깊이 재우고 갈빗대 하나를 꺼내 그것으로 여자를 만드셨다. 그리고 아담에게 내 뼈 중의 뼈요, 살 중의 살이라 고백하게 만드셨다.

남자는 여자를 그렇게 만드신 하나님의 마음을 알아야 한다.

그리고 여자가 남자 몸의 일부인 것을 인정하며 무조건 사랑해 줘야 한다. 세상에 자기 뼈를 다치게 하는 사람은 없다. 세상에 자기의 살을 다치게 하는 사람은 없다. 그래서 하나님은 아내를 학대하고 마음을 아프게 하여 울게 만드는 남편의 제사를 받지 않겠다고 하신 거다. 그런 남자가 드리는 예배를 받지 않는다고 하신 거다.

얼마 전, 나는 남편에게 학대를 받으며 살고 있는 자매를 만난 적이 있다. 그날 자매의 이야기를 듣는데 정말 화가 많이 났다. 자매도 그렇지만, 그 남편도 교회에 다니는 집사였기 때문이다. 나는 자매에게 남편을 한 번 만나 보고 싶다고 말했다. 만나서 오늘 본문 말씀인 말라기 말씀을 읽어 주고 싶었다. 그러면서 남편은 몸의 일부인 아내를 무조건 사랑해야 한다고 말해 주고 싶었다. 남편이 아내를 자신처럼 사랑해 줄 때, 아내는 하나님의 창조 목적대로 남편의 돕는 배필 역할을 잘 감당할 수 있다고 말해 주고 싶다. 그렇게라도 자매를 위로해 주고 싶었다.

어떤 가정은 도리어 남편이 학대받는 것 아닌가 싶은 곳도 있다. 그런 가정의 아내에게도 읽어 주고 싶은 말씀이 있다.

지혜로운 여인은 자기 집을 세우되 미련한 여인은 자기 손으로 그것을 허느니라 잠 14:1

지혜로운 여자는 자기 집을 세우지만, 미련한 여자는 집을 자기 손으로 무너뜨린다고 했다. 내가 해야 할 몫을 다하지 않고 남편에게만 도리를 운운하는 것은 지혜롭지 않다. 여자이니 무조건 보호받아야 한다고만 말하는 것도 이기적이다.

> 10 누가 현숙한 여인을 찾아 얻겠느냐 그의 값은 진주보다 더하니라 11 그런 자의 남편의 마음은 그를 믿나니 산업이 핍절하지 아니하겠으며 12 그런 자는 살아 있는 동안에 그의 남편에게 선을 행하고 악을 행하지 아니하느니라 잠 31:10-12

우리는 현숙한 여인이 되어야 한다. 그리고 여호와를 경외해야 한다. 그럴 때 남편도 아내를 믿어 주고 사랑해 줄 것이다. 서로가 서로를 믿고 사랑하고 존중하고 높여 준다면 그 가정이야말로 하나님이 축복하신 아름다운 가정이 될 것이다.

> 30 고운 것도 거짓되고 아름다운 것도 헛되나 오직 여호와를 경외하는 여자는 칭찬을 받을 것이라 31 그 손의 열매가 그에게로 돌아갈 것이요 그 행한 일로 말미암아 성문에서 칭찬을 받으리라 잠 31:30-31

사실 오늘 큐티를 시작할 때는 아내를 학대하는 남편들 때문에 화가 났다. 모든 가정의 문제는 남편이 아내를 사랑해 주지 않아서 생긴 문제라 생각했다. 그런데 큐티를 하다 보니 하나님이 가

정에서 아내의 역할이 얼마나 중요한지를 깨닫게 하셨다. 그래서 나도 지혜로운 여자, 현숙한 여자가 되기로 했다. 여호와를 경외하는 여자가 되기로 했다. 남편이 주님을 경외하며 예배할 때 결정적인 도움을 주는 돕는 배필이 되기로 했다.

큐티하는 동안 생각을 바꿔 주시니 감사하다. 오늘의 말씀을 남편들에게만 적용하려고 했는데, 아내들에게도 적용하게 하시니 감사하다. 그래서 오늘도 감사한 날이다.

자녀를 노엽게 하지 마라

또 아비들아 너희 자녀를 노엽게 하지 말고 오직 주의 교훈과 훈계로 양육하라 엡 6:4

국어사전에서 노엽게 한다는 말의 뜻을 찾아봤다. '무엇이 마음에 들지 않아 몹시 언짢아한다'는 뜻이란다. 사실 좀 놀랐다. 그저 아이를 화나게 하지 말라는 것도 아니고, 울리지 말라는 것도 아니고, 언짢게 하지 말라니. 하나님이 너무하신 것 아닌가.

얼마 전 큐티 모임이 있었다. 코로나 때문에 한동안 못 만나다가 만나서 그런지 한 사람 한 사람이 모두 사랑스럽게 보였다. 그런데 이런저런 이야기를 나누던 중, 한 자매가 자기 딸을 위해 기도해 달라고 했다. 자매의 딸이 나쁜 사람의 꼬임에 넘어가 대출까지 받아 주식을 샀는데, 그 주식 값이 떨어져 큰 손해를 봤다는 것이다. 그런데 자매의 딸이 굉장히 힘들어하면서 엄마에게도 화를 많이 내고, 자기 방에 들어가 나오지도 않고, 말도 안 하고, 밥도 안 먹는단다.

그 말을 들은 나는 자매에게 무슨 일이 있어도 딸을 야단치지 말라고 했다. 딸은 이미 무엇을 잘못했는지 다 알고 있을 텐데, 엄마가 야단을 치면 더 많이 힘들 거라고 했다. 대신 딸을 더 많이 이해해 주고, 사랑해 주고, 맛있는 것도 더 많이 만들어 주라고 했다. 그리고 모든 것을 하나님께 맡기고 기도하라고 했다.

오늘 말씀을 보니 내가 그때 자매에게 잘 말해 준 것 같다는 생각이 든다. 아이에게 잔소리하고 야단을 치는 것은 아이를 노엽게 하는 것이고, 말없이 아이를 기다려 주고 아이를 위해 기도하는 것은 주의 교훈과 훈계로 양육하는 것이기 때문이다.

그런데 사실 나는 절대로 주의 교훈과 훈계로 아이를 양육했던 엄마가 아니다. 아이를 야단치면서 노엽게 한 적도 많고, 울린 적도 많다. 세상 잣대로 아이를 판단하며 가르치려 했던 나쁜 엄마다. 그래서 오늘 말씀을 보며 새롭게 다짐했다. 딸아이가 다 커서 결혼까지 했지만, 이제부터라도 딸아이를 노엽게 하지 않고 오직 주의 교훈과 훈계로 양육하겠다고 말이다.

다짐은 했지만 한편으로는 너무 늦은 것은 아닌가 하는 생각이 든다. 세상 모든 일에 때가 있듯이, 아이를 양육하는 데도 때가 있다. 딸은 이미 내가 양육할 수 있는 때가 지나지 않았나. 그래서 있을 때 잘하라는 말을 하나 보다.

나는 딸을 주의 교훈과 훈계로 양육하지 못한 것을 회개하고, 대신 딸이 주의 교훈과 훈계로 양육받은 여성이자 아내로 살 수 있게 해 달라고 기도했다.

아이를 주의 교훈과 훈계로 양육해 본 적 없는 너무나도 부족한 엄마였지만, 이제는 딸을 위해 기도하는 엄마가 되게 하시니 감사하다. 그리고 다른 자매들에게 이런 말씀을 전하게 하시니 감사하다. 그래서 오늘도 감사한 날이다.

세 겹 줄 같은 배우자

[39] 아내는 그 남편이 살아 있는 동안에 매여 있다가 남편이 죽으면 자유로워 자기 뜻대로 시집갈 것이나 주 안에서만 할 것이니라 [40] 그러나 내 뜻에는 그냥 지내는 것이 더욱 복이 있으리로다 나도 또한 하나님의 영을 받은 줄로 생각하노라 고전 7:39-40

바울은 남편이 죽어 혼자가 된 아내에게 주 안에서 시집갈 것을 권하지만, 그냥 지내는 것이 더욱 복 있다고 했다. 그런데 내 생각은 다르다. 오직 예수로만 사는 바울 같은 사람은 몰라도 그런 믿음이 없는 사람은 혼자 사는 것보다는 누군가와 같이 사는 게 좋다고 생각한다.

여호와 하나님이 이르시되 사람이 혼자 사는 것이 좋지 아니하니 내가 그를 위하여 돕는 배필을 지으리라 하시니라 창 2:18

하나님도 사람이 혼자 사는 것이 좋지 않다고 하셨기 때문이다.

[11] 또 두 사람이 함께 누우면 따뜻하거니와 한 사람이면 어찌 따뜻하랴 [12] 한 사람이면 패하겠거니와 두 사람이면 맞설 수 있나니 세 겹 줄은 쉽게 끊어지지 아니하느니라 전 4:11-12

또, 두 사람이 함께 누우면 따뜻하다고 했고, 두 사람이 함께 잡은 세 겹 줄은 쉽게 끊어지지 않는다고 했기 때문이다.

몇 년 전, 남편을 하늘나라에 보내고 힘들어하던 자매가 있다. 나는 그 자매를 볼 때마다 마음이 아프다. 젊은 나이에 그런 가슴 아픈 일을 당한 것도 속상하지만, 외롭게 지내는 모습을 보면 너무 마음이 아프다. 그래서 나는 그 자매를 위해 거의 매일 기도한다. 자매가 보아스 같은 멋진 남자를 만나게 해 달라고 말이다. 자매에게도

여호와 하나님이 이르시되
사람이 혼자 사는 것이 좋지 아니하니
내가 그를 위하여
돕는 배필을 지으리라 하시니라

매일 기도하라고 한다. 그런데 자매는 그런 나를 보며 웃기만 한다. 그러면서 자기는 돌봐야 하는 딸들도 있고, 혼자 살아 보니 이것도 편하다고 한다. 그리고 영원한 신랑 되신 주님이 계신데 무슨 남자를 또 만나느냐고 한다. 그러면 나는 그런 소리 하지 말고, 무조건 보아스 같은 사람을 만나게 해 달라고 기도하라고 한다.

내 기도가 통했는지, 요즘은 자매의 딸들이 엄마에게 "제발 좋은 사람 좀 만나"라고 했다고 한다. 그래서 자매가 "왜 그래. 나는 너희만 있으면 되는데" 했더니 딸들이 "엄마가 엄마를 책임질 좋은 사람을 만나야 우리도 마음이 편하지"라고 했단다. 나는 든든한 지원군을 만난 마음으로 더 강하게 오늘부터 당장 기도를 시작하라고 보챘다. 그랬더니 자매가 말한다.

"그럴게요. 사실, 나도 그런 사람 만나고 싶었는데, 아이들한테 미안해서 그랬어요. 아이들이 나를 부담스러워한다고 생각한 적 없었거든요. 하지만 이번에 처음으로 나를 위해서가 아니라, 아이들을 위해서 좋은 사람을 만나야겠다고 생각했어요."

누군가를 위로하게 하시고, 누군가를 위해 기도하게 하시고, 기도에 대한 응답까지 해 주시니 감사하다. 그래서 오늘도 감사한 날이다.

4

신앙을
더 성장하게 한
만나들

눈물 없는 예배

그 사방 광채의 모양은 비 오는 날 구름에 있는 무지개 같으
니 이는 여호와의 영광의 형상의 모양이라 내가 보고 엎드려
말씀하시는 이의 음성을 들으니라 겔 1:28

이 말씀을 보는데 부끄러운 일이 생각난다. 우리 교회는 예배가
시작될 때 "여호와의 유월절"이라는 찬양을 다같이 부른다.

지극히 높은 주님의 나 지성소로 들어갑니다
세상의 신을 벗고서 주 보좌 앞에 엎드리리
내 주를 향한 사랑과 그 신뢰가 사그라져 갈 때

하늘로부터 이곳에 장막이 덮이네

이곳을 덮으소서

이곳을 비추소서

내 안에 무너졌던 모든 소망 다 회복하리니

이곳을 지나소서

이곳을 만지소서

내 안에 죽어 가는 모든 예배 다 살아나리라

나는 이 시간을 너무 좋아한다. 그래서 이 찬양을 부를 때면 그 누구보다 가장 높이 두 손을 들고, 가장 거룩한 얼굴로 찬양한다. 그리고 찬양을 부르면서 내가 온전한 하나님의 임재 속으로 들어가는 상상을 한다. 내가 앉은 자리에 하늘로부터 장막이 덮이고, 무지개 같은 빛이 비추며, 하나님의 임재 속으로 들어가는 것이다. 그러면 그곳에서 나를 지나시며 나를 만지시는 하나님을 만날 것이다.

그런데 그날은 이상하게 내 앞에 있는 젊은 자매가 자꾸 신경이 쓰였다. 그 자매가 바로 내 앞에 앉아서 나보다 손을 더 높이 올리고, 계속 눈물을 흘리며 찬양하고 있었기 때문이다. 그 모습이 어찌나 거룩해 보이던지, 그 자매의 모습이 온전히 하나님의 임재 속에 들어간 사람 같았다. 순간 나도 눈물이 나왔으면 좋겠다는 생각을 했다. 그런데 눈물이 나지 않았다. 정말 한 방울도 나오지 않았다. 생각해 보니 최근에 예배를 드리며 눈물이 난 적이 없는 것 같다.

처음 한국에 들어왔을 때가 생각난다. 그때는 온누리교회 양재성전에 들어서는 순간부터 눈물이 났다. 찬양을 할 수 없을 만큼 눈물이 났다. 그런데 지금은 눈물이 안 난다. 어쩌면 너무나 당연한 것 같다. 내가 잊고 있던 게 있었다. 나는 너무나 익숙해진 예배에 세상의 신을 벗지 않았고, 보좌 앞에 엎드리지 않았다. 그러면서 지성소로 들어가기를 원했다. 거기서 장막이 덮이고, 나를 비추시고 지나시는 하나님을 경험하기 원했다. 무너졌던 소망이 회복되기 원했고 예배가 살아나기 원했다.

다시 젊은 자매를 보니 자매의 눈에는 여전히 눈물이 흐르고 있었다. 그래서 기도했다. 나도 저 젊은 자매처럼 온전히 예배가 회복되기를 기도했다.

젊은 자매를 통해 내 예배를 회복시켜 주시니 감사하다. 하나님의 임재 속으로 들어가 온전한 예배드리기를 소망하게 하시니 감사하다. 그래서 오늘도 감사한 날이다.

왜 세상이 두려웠을까

빌라도는 자기 자리를 지키기 위해 무리의 거센 요구를 들어준다. 그리고 예수님을 십자가에 못 박는 선택을 한다. 그 선택으로 빌라도는 부끄러운 사람이 되고 만다.

"본디오 빌라도에게 고난을 받으사 십자가에 못 박혀 죽으시고…." 우리는 매 주일 사도신경을 외울 때마다 우리 주님이 본디오 빌라도에게 고난을 받으사 십자가에 못 박히셨다고 고백한다. 사실 빌라도가 직접 채찍과 망치를 든 것이 아니다. 다만 예수님이 죄가 없다는 사실을 알았음에도 예수님을 대제사장과 관리들에게 넘겨주었기 때문에 2천 년이 지난 지금까지 불명예를 안고 있다.

그래서 잘못된 무리와 세상의 소리가 두려워 진실을 외면하면 안 된다. 우리에게는 진짜 두려워해야 할 분이 계시기 때문이다. 예수님이다.

² 감추인 것이 드러나지 않을 것이 없고 숨긴 것이 알려지지 않을 것이 없나니 ³ 이러므로 너희가 어두운 데서 말한 모든 것이 광명한 데서 들리고 너희가 골방에서 귀에 대고 말한 것이 지붕 위에서 전파되리라 ⁴ 내가 내 친구 너희에게 말하노니 몸을 죽이고 그 후에는 능히 더 못하는 자들을 두려워하지 말라 ⁵ 마땅히 두려워할 자를 내가 너희에게 보이리니 곧 죽인 후에 또한 지옥에 던져 넣는 권세 있는 그를 두려워하라 내가 참으로 너희에게 이르노니 그를 두려워하라 눅 12:2-5

예수님은 감추어졌던 모든 일을 드러내실 분이다. 또 어두운 데서 말한 모든 것을 광명한 곳에서 들리게 하시고, 골방에서 귀에 대고 말한 것을 지붕 위에서 전파시키시고, 죽인 후에 지옥에 던질 권세가 있으신 분이다. 그런데 빌라도는 예수님이 이런 분인지도 모르고 자기의 자리를 지키겠다고 잘못된 선택을 했다. 무리를 두려워하고 예수님을 두려워하지 않았다.

나는 이런 말씀들을 읽을 때마다 너무나 감사하다. 진짜 두려워해야 할 분이 주님이란 것을 알게 하시니 얼마나 감사한지 모른다. 한때는 나도 빌라도처럼 세상 사람들을 두려워했다. 하나님을 알았지만 그래도 세상을 두려워했다. 그래서 함께 교회를 다니고 있는 사람들과 밥을 먹을 때면 기도하지만, 교회를 다니지 않는 사람들과 밥을 먹을 때는 기도하지 않았다. 신자들과 있을 때는 하나님에 대해 말했는데, 비신자들과 있을 때면 하나님 이야기를 꺼내지 않았다. 글을 쓸 때는 물론 휴대폰 메시지를 보낼 때도 조심했다. 마지막 때는 교회에 핍박이 있을 거라 했기 때문에 조심했다.

지금 생각하면 너무나 부끄럽다. 그렇게 행동했던 내 모습이 주님을 십자가에 다시 못 박은 사람처럼 느껴지기 때문이다. 이제 나는 세상을 두려워하지 않는다. 어디서나 당당히 기도한다. 어디서나 당당히 하나님을 전하고 증거한다. 진짜 두려워해야 할 분은 하나님이시라는 것을 알게 되었기 때문이다. 죽은 후에 다시 지옥에 던져 넣는 권세가 있으신 분이 계시다는 것을 알게 되었기 때문이다.

세상을 두려워하던 나를 만나 주신 주님께 감사하다. 진짜 두려워해야 할 분이 예수님이란 것을 알게 하시니 감사하다. 그래서 오늘도 감사한 날이다.

내 모습 그대로

²⁶ 듣는 자들이 이르되 그런즉 누가 구원을 얻을 수 있나이까
²⁷ 이르시되 무릇 사람이 할 수 없는 것을 하나님은 하실 수
있느니라 눅 18:26-27

오늘 말씀을 보는데, 위로가 된다. 나같이 부족한 사람도 구원
을 얻을 수 있다는 말씀이기 때문이다. 내 힘이 아닌, 오직 예수 이
름 때문에 구원을 받을 수 있다는 말씀이기 때문이다.

나에게 이보다 더 감사한 말씀은 없다. 내 말이나 행위로 구원
을 얻는 거라면 나는 절대로 구원받을 수 없는 사람이기 때문이
다. 에베소서에서 우리의 구원이 행위에서 난 것이 아니니 누구든
지 자랑할 수 없다고 했다.

⁸ 너희는 그 은혜에 의하여 믿음으로 말미암아 구원을 받았
으니 이것은 너희에게서 난 것이 아니요 하나님의 선물이라
⁹ 행위에서 난 것이 아니니 이는 누구든지 자랑하지 못하게
함이라 엡 2:8-9

구원은 하나님의 선물이다. 아무것도 할 수 없는 우리에게 모

든 것을 하실 수 있는 하나님이 주신 선물이다. 세상에 구원보다 더 좋은 선물이 있을까. 나는 없다고 생각한다. 구원은 우리가 뭘 잘해서 받는 게 아니다. 그저 은혜로 하나님이 주시는 것이다. 아무 자격이 없는데 받는 거다. 그래서 놀라우신 은혜라 한다. 우리는 그 은혜로 믿음을 가질 수 있고, 그 믿음으로 구원을 얻었다.

JDS(예수제자학교) 교육을 받던 때의 일이다. 거의 7개월 동안 이어지던 수업 마지막날이었다. 그동안 배운 게 얼마나 많았던지, 마지막날 보니 수업 시간 내내 빽빽이 적은 노트가 세 권이나 되었다. 문제는 그렇게 열심히 듣고 적었는데 지금 다시 보면 기억나는 게 별로 없다는 것이다. 하지만 유일하게 기억나는 말씀이 딱 하나 있다. 마지막날, "영적 성숙" 시간에 목사님이 하신 말씀이다.

"어떤 사람이 영적으로 가장 성숙한 사람인 줄 아시나요?"

목사님의 질문에 여러 학생이 손을 들었다. 그들은 JDS 교육을 받아 온 학생들답게 대답했다.

"내가 죽고, 오직 예수로 사는 사람입니다."

"내 생각대로 사는 게 아니라, 오직 하나님의 말씀과 기도로 사는 사람입니다."

"내게 있는 것을 다 팔아 가난한 자들에게 나눠 주고 예수님을 따르는 자입니다."

"오직 예수로 사는 사람입니다."

목사님은 그 대답들을 듣고 빙그레 웃으면서 "또 다른 생각을 가진 분은 없나요?" 하고 다시 질문했다. 순간 떠오르는 생각이 있었다. 그래서 나도 모르게 손을 들었다. 그리고 이렇게 말했다.

"부족한 이 모습 이대로 주님 앞에 나갈 수 있는 사람입니다."

목사님은 환하게 웃으며 호응해 주었다.

"맞습니다. 부족한 우리지만, 이 모습 이대로 주님 앞에 나갈 수 있는 사람이 가장 영적으로 성숙한 사람입니다."

그때 어찌나 기쁘고 감사하던지. 나는 지금도 그날의 감격을 잊지 못한다.

다른 이로써는 구원을 받을 수 없나니 천하 사람 중에 구원
을 받을 만한 다른 이름을 우리에게 주신 일이 없음이라 하
였더라 행 4:12

사실 우리는 이 모습 이대로 주님 앞에 나갈 수밖에 없는 사람들이다. 천하 사람 중에 예수 외에는 구원을 받을 만한 다른 이름은 없기 때문이다. 천하 사람 중에 우리의 죄 문제를 해결해 주실 분은 주님밖에 없기 때문이다.

그래서 나는 큐티하는 순간만이라도 솔직하게 묵상하고 적용하려고 한다. 거짓 없이 솔직하게 큐티하는 것이 부족하고 연약한 내 모습 이대로 주님 앞에 나가는 것이라 생각하기 때문이다.

나는 아무것도 할 수 없지만, 뭐든 하실 수 있는 주님을 의지하며 오늘도 부족한 이 모습 이대로 주님 앞에 나갈 수 있으니 감사

하다. 그래서 오늘도 감사한 날이다.

회개할 기회

예수님이 제자들의 발을 닦아 주신다. 예수님은 마귀가 벌써 가룟 유다의 마음에 예수를 팔라는 생각을 넣은 것을 아시지만 그래도 묵묵히 그 자리에 계신다.

그런데 이런 주님의 마음을 아는지 모르는지 베드로는 예수님에게 손과 머리까지 씻어 달라고 한다. 주님은 이런 베드로를 꾸짖지 않으신다. 나 같으면 내가 지금 어떤 심정으로 너희 발을 닦아 주고 있는데 그런 말을 하느냐고 꾸짖었을 것 같다. 그렇지만 좋으신 주님은 그러지 않으신다. 그러면서 베드로에게 이미 목욕한 자는 온몸이 깨끗하므로 발밖에 씻을 필요가 없다고 말씀해 주신다.

그런데 그다음 하신 말씀이 놀랍다. 너희가 깨끗하나 다는 아니라고 하신다. 이 말을 들은 제자들의 마음이 어땠을까. 예수님이 하신 말씀의 의미를 몰라서 서로의 얼굴을 쳐다봤을 것 같다. 그런데 그 말씀의 의미를 알고 있는 제자가 있었다. 바로 가룟 유다다. 그 순간 가룟 유다의 다리가 후들후들 떨렸을지 모른다. 그의 마음은 이미 예수를 팔려는 깨끗하지 않은 생각으로 가득 차 있었기 때문이다.

모든 것을 아시는 주님이 왜 이런 말씀을 하셨을까. 주님은 가룟 유다에게 마음을 돌이킬 기회를 주고 싶으셨던 거다. 하지만 예수를 팔려는 마음으로 가득했던 가룟 유다는 마음을 돌이키지 않았다. 그런 가룟 유다에게 주님은 다시 한번 마음을 돌이킬 기회를 주신다.

26 예수께서 대답하시되 내가 떡 한 조각을 적셔다 주는 자가 그니라 하시고 곧 한 조각을 적셔서 가룟 시몬의 아들 유다에게 주시니 27 조각을 받은 후 곧 사탄이 그 속에 들어간지라 이에 예수께서 유다에게 이르시되 네가 하는 일을 속히 하라 하시니 요 13:26-27

이번에도 가룟 유다는 돌이키지 않는다. 예수님이 딱 집어 자신을 지목하셨는데, 그는 왜 마음을 돌이키지 않았을까? 생각해 보니 그럴 수 있겠다 싶다. 마귀가 벌써 그 마음에 예수를 팔려는 생각을 넣었기 때문이다. 결국 예수님은 유다를 향해 네가 하는 일을 속히 하라고 말씀하신다. 그런데 주님은 제자들과의 마지막 만찬에서 다시 한번 가룟 유다에게 말씀하신다.

21 그러나 보라 나를 파는 자의 손이 나와 함께 상 위에 있도다 22 인자는 이미 작정된 대로 가거니와 그를 파는 그 사람에게는 화가 있으리로다 하시니 눅 22:21-22

마지막 순간, 주님은 또 가룟 유다에게 돌이킬 기회를 주셨다. 하지만 이번에도 그는 마음을 돌이키지 않았다. 결국 예수님은 말씀하신 그 길을 가신다.

오늘 말씀을 읽는데, 화도 나고 눈물도 났다. 마지막 순간까지 돌이키지 못하는 가룟 유다 때문에 화가 났고, 끝까지 가룟 유다를 포기하지 못하시는 주님 때문에 눈물이 났다. 그리고 내가 지금 주님께 받고 있는 사랑이 가룟 유다를 끝까지 포기하지 못하셨던 그 사랑이라는 것이 깨달아져 더 눈물이 났다.

한참을 이렇게 예수님의 사랑에 빠져 큐티하고 있는데, 남편이 들어와 뭐하냐고 묻는다. "예수님 너무 멋있다"라고 말하니까, "나는 어떤데? 나는 안 멋있어?" 한다.

"비교할 걸 비교해야지!"

오늘도 이렇게 예수님의 사랑에 푹 빠져 큐티하게 하시니 감사하다. 그래서 오늘도 감사한 날이다.

틈 없는 인생

¹¹ 헤롯이 그 군인들과 함께 예수를 업신여기며 희롱하고 빛난 옷을 입혀 빌라도에게 도로 보내니 ¹² 헤롯과 빌라도가 전에는 원수였으나 당일에 서로 친구가 되니라 눅 23:11-12

예수님에게 빛난 옷을 입혀 희롱하던 헤롯이 빌라도와 친구가 되었다는 말씀을 보고 묵상했다. 그런데 나는 이들 역시 하나님의 뜻을 이룬 사람들이라 생각한다. 비록 원수끼리 예수님을 고발하고 희롱하는 악한 일에 한마음이 되었지만, 그 역시 하나님의 도구로 사용된 것이라 생각한다.

우리는 나쁜 일에 하나님의 도구가 되지 말고, 좋은 일, 하나님께 영광을 돌리는 일에 도구가 되어야 한다. 그렇다면 하나님은 어떤 사람을 나쁜 일의 도구로 사용하실까? 그것은 너무나 뻔하다.

³ 마리아는 지극히 비싼 향유 곧 순전한 나드 한 근을 가져다 가 예수의 발에 붓고 자기 머리털로 그의 발을 닦으니 향유 냄새가 집에 가득하더라 ⁴ 제자 중 하나로서 예수를 잡아 줄 가룟 유다가 말하되 ⁵ 이 향유를 어찌하여 삼백 데나리온에 팔아 가난한 자들에게 주지 아니하였느냐 하니 ⁶ 이렇게 말 함은 가난한 자들을 생각함이 아니요 그는 도둑이라 돈궤를 맡고 거기 넣는 것을 훔쳐 감이러라 요 12:3-6

가룟 유다처럼 돈 생각만 하는 사람이다. 그는 예수님의 장례 를 준비하기 위해 귀한 향유 옥합을 깨는 마리아를 보면서도 돈 생각만 했다.

마귀가 벌써 시몬의 아들 가룟 유다의 마음에 예수를 팔려는 생각을 넣었더라 요 13:2

그런 사람에게 마귀가 나쁜 생각을 넣는 것은 너무나 당연하 다. 마귀가 마음에 나쁜 생각을 넣어 버리면 끝이다. 나쁜 생각 은 나쁜 마음을 만들고, 나쁜 마음은 나쁜 행동을 하게 해 결국에 는 사망으로 이끌기 때문이다. 그래서 처음부터 나쁜 생각을 하 면 안 된다.

마귀에게 틈을 주지 말라 엡 4:27

마귀는 틈만 보고 있다. 우리가 잠시라도 틈을 보이는 순간, 마음에 얼른 나쁜 생각을 넣는다. 사실 이 일은 마귀에게는 누워서 떡 먹기다. 한 사람이라도 더 죄짓게 만들고 지옥으로 끌고 가는 것이 평생 그들이 하는 일이기 때문이다. 그래서 우리에게 마음을 지키는 일은 너무나 중요하다.

모든 지킬 만한 것 중에 더욱 네 마음을 지키라 생명의 근원이 이에서 남이니라 잠 4:23

우리가 마음을 잘 지킬 때, 마귀는 힘을 못 쓴다. 아무리 우리 마음에 들어오려 해도 들어오지 못한다. 그래서 생명의 근원은 마음을 지키는 데서 나온다고 한 것이다.

그런데 가룟 유다도, 서기관도, 대제사장도, 헤롯도, 빌라도도 제대로 마음을 지키지 못했다. 마귀에 틈을 주지 말고, 좋은 일에 쓰임받는 하나님의 도구가 되라고 하시니 감사하다. 그래서 오늘도 감사한 날이다.

숨지 말자

¹⁵ 내가 무리를 아하와로 흐르는 강 가에 모으고 거기서 삼 일 동안 장막에 머물며 백성과 제사장들을 살핀즉 그 중에 레위 자손이 한 사람도 없는지라 ¹⁶ 이에 모든 족장 곧 엘리에셀과 아리엘과 스마야와 엘라단과 야립과 엘라단과 나단과 스가랴 와 므술람을 부르고 또 명철한 사람 요야립과 엘라단을 불러 ¹⁷ 가시뱌 지방으로 보내어 그 곳 족장 잇도에게 나아가게 하고 잇도와 그의 형제 곧 가시뱌 지방에 사는 느디님 사람들에게 할 말을 일러 주고 우리 하나님의 성전을 위하여 섬길 자를 데리고 오라 하였더니 ¹⁸ 우리 하나님의 선한 손의 도우심을 입고 그들이 이스라엘의 손자 레위의 아들 말리의 자손 중에서 한 명철한 사람을 데려오고 또 세레뱌와 그의 아들들과 형제 십팔 명과 ¹⁹ 하사뱌와 므라리 자손 중 여사야와 그의 형제와 그의 아들들 이십 명을 데려오고 ²⁰ 다윗과 방백들이 레위 사람들을 섬기라고 준 느디님 사람 중 성전 일꾼은 이백이십 명이었는데 그들은 모두 지명 받은 이들이었더라 스 8:15-20

에스라는 얼마나 기가 막혔을까. 성전에서 제사장을 도울 레위인이 한 명도 없었다고 한다. 레위인은 성전 일에 꼭 필요한 사람들이다. 결국 에스라는 족장들과 명철한 사람 요야립과 엘라단을 불러 가시뱌 지방으로 보내어 하나님의 성전을 위하여 섬길 자를 데리고 오라고 한다. 결국 레위인과 그들을 섬기는 느디님은 마음을 돌이켜 족장들을 따라나선다.

레위인은 성전 건축을 하려면 자신들이 꼭 있어야 할 것을 알고 있었다. 레위인은 자기가 해야 할 일이 무엇인지 알았을 것이다. 그러니 성전 건축을 위해 모두 떠난다는 소식을 들었을 때, 족장들이 찾아오기 전에 미리 알아서 함께 떠났어야 한다. 그런데 왜 그들은 함께 떠나려고 하지 않았을까?

주님은 본문 말씀을 통해 나에게 무슨 말씀을 하고 싶으신 걸까? 요즘 내 모습이 말씀 속 레위인처럼 느껴져 솔직히 부끄럽다. 나도 내가 할 일이 무엇인지 다 알고 있다. 어떤 일을 할 때 주님이 기뻐하시는지도 다 알고 있다. 그런데 나도 오늘 말씀 속 레위인처럼 모른 척할 때가 너무 많다. 그러다 누군가 말해 주면 정말 몰랐다는 듯이 연기하며 그 일을 할 때가 너무 많다.

얼마 전부터 코로나 팬데믹으로 인한 거리두기가 해제되고, 조금이나마 예전의 삶으로 돌아온 것 같다. 그런데 한편으로는 더 이상 코로나를 핑계 대며 숨어 살 수 없게 됐다는 사실이 뜨끔하다. 다시 예전처럼 병원도 다니고, 전도도 나가고, 큐티도 하고, 사람도 만나며 적극적으로 살아야 한다. 그런데 나는 지금도 숨어 있다. 사실 코로나를 핑계로 숨어 지내던 생활도 편했다. 집에서 글을 쓰고 책을 읽으며 보내던 생활에 너무나 익숙해진 것 같다.

얼마 전에는 이런 일도 있었다. 한창 코로나가 극성일 때, 어떤 집사님이 꼭 만나고 싶다고 연락을 해 왔다. 나는 그 집사님을 잘 몰랐다. 같이 차도 마시고 밥도 먹어야 할 텐데, 선뜻 마음이 내키지 않았다. 며칠을 고민하다가 약속이 있어 만나기 어렵겠다고 전했다. 마음이 편치 않았다.

이번에는 또 친한 집사님에게 연락이 왔다. 내가 보고 싶다며 우리 집에 와도 좋겠냐고 물었다. 그 일도 며칠을 생각하다가 거절했다. 생각해 보면 코로나 핑계를 댔지만, 조용히 책을 준비하고 싶은 마음이 컸던 것 같다. 내가 원래 그랬던 사람은 아니다. 사람을 만나고 마음을 나누는 일을 미루거나 꺼리지 않았다. 혹시라도 하나님이 보내신 사람일 수 있으니 웬만하면 만남을 거절하지 않았다. 그런데 책을 준비해야 한다는 생각으로 머릿속이 꽉 차서 처음 마음을 많이 잃어버렸다.

레위인을 통해 내 모습을 돌아보게 하시니 감사하다. 책도 중요하지만, 더 중요한 일들이 있다는 것을 잊지 말라고 하나님이 가르쳐 주시니 감사하다. 그래서 오늘도 감사한 날이다.

자기 십자가를 지고

²⁶ 무릇 내게 오는 자가 자기 부모와 처자와 형제와 자매와 더욱이 자기 목숨까지 미워하지 아니하면 능히 내 제자가 되지 못하고 ²⁷ 누구든지 자기 십자가를 지고 나를 따르지 않는 자도 능히 내 제자가 되지 못하리라 눅 14:26-27

예수님의 제자가 되는 길이 쉽지는 않겠다 생각했지만, 생각보다 훨씬 어려운 것 같다. 예수님은 자기 부모와 처자와 형제와 자매와 더욱이 자기 목숨까지 미워하지 않으면 제자가 될 수 없다고 하셨기 때문이다.

이 말씀을 처음 보았을 때, 예수님이 너무하다고 생각했다. 어떻게 자기 가족을 미워해야 제자가 될 수 있다고 하시는지 이해할 수 없었다. 하지만 알고 보니 정말로 부모와 처자와 형제와 자매를 미워하란 말씀이 아니었다. 그 누구보다 주님을 더 사랑하란 말씀이었다. 그래야 진짜 사랑을 할 수 있기 때문이다. 주님을 먼저 사랑할 때, 주님의 사랑으로 모든 사람을 사랑할 수 있고, 모든 사람을 주님의 마음으로 사랑할 때, 예수님의 진정한 제자가 될 수 있다.

부모님을 사랑한다고 하면서 부모에게 하나님을 전하지 않는다면 그것은 가짜 사랑이다. 주님의 마음으로 부모님을 사랑한 것이 아니기 때문이다. 또, 형제 자매를 사랑한다면서 하나님을 전하지 않는다면 그 역시 가짜 사랑이다. 주님의 마음으로 형제 자매를 사랑한 것이 아니기 때문이다.

얼마 전 함께 교회에 다니는 친구에게 놀라운 이야기를 들었다. 친구의 부모님은 절에 다니고 계셨는데, 억지로 하나님을 전하는 것은 효도가 아니라고 하면서, 부모님의 종교를 인정하는 것이 진정한 효도라고 했다. 이것은 종교의 문제가 아니라 생명에 관한 문제다. 사랑한다면 무조건 하나님을 전해야 한다. 그게 진짜 효도고, 진짜 사랑이다.

그 친구의 사연을 들으면서 생각했다. 예수님이 부모와 처자, 형제와 자매를 미워하라 하신 이유가 바로 이거다! 이런 사랑을 할까 걱정하신 것이다.

또 주님은 자기 십자가를 지고 나를 따르지 않는 자도 능히 내 제자가 되지 못한다고 하셨다. 자기 십자가를 지는 일은 쉽지 않다. 예수님을 모르는 사람들은 이해하기 어렵다. 그것은 예수님처럼 누군가를 위해 대가를 치러야 하기 때문이다. 하지만 그 안에는 내가 하고 싶은 사랑이 아니라, 주님이 원하시는 깊은 사랑이 들어 있다. 그것은 철저한 자기희생이다. 이렇게 누군가에게 하나님을 전할 때는 반드시 대가 지불이 필요하다. 참아도 줘야 하고, 기다려 주기도 해야 하고, 무조건 편도 들어줘야 하고, 밥이나 커피도 사야 한다. 밤늦게 연락이 와도 진심으로 받아 주어야 한다. 주님이 우리를 위해 십자가에 달리신 것 같은 엄청난 대가 지불은 못할지라도, 지극히 작은 대가 지불은 반드시 해야 한다.

나 같은 사람이 감히 갈 수 없는 어려운 제자의 길이지만, 그래도 제자가 되는 길에 대해 말씀해 주시니 감사하다. 그래서 오늘도 감사한 날이다.

내 마음대로 읽었던 말씀

¹ 그때에 천국은 마치 등을 들고 신랑을 맞으러 나간 열 처녀와 같다 하리니 ² 그중의 다섯은 미련하고 다섯은 슬기 있는 자라 ³ 미련한 자들은 등을 가지되 기름을 가지지 아니하고 ⁴ 슬기 있는 자들은 그릇에 기름을 담아 등과 함께 가져 갔더니 마 25:1-4

큐티 본문을 보고 너무 놀랐다. 그동안 내가 이 말씀에 나오는 미련한 처녀들에 대해서 잘못 알고 있었기 때문이다. 나는 미련한 처녀들이 기름을 조금은 가지고 있는 줄 알았다. 그런데 아니었다. 오늘 큐티하면서 말씀을 꼼꼼히 읽다 보니, 미련한 처녀들은 등은 가지고 있었지만 기름은 준비하지 않았다. 그런데 왜 내 기억은 달랐을까?

나는 성경을 있는 그대로 읽지 않았다. 내 마음대로, 내 생각대로 읽었다. 그래도 주님을 기다리던 처녀들인데 기름을 조금은 준비했겠지 하는 마음으로 읽은 것이다.

[10] 그들이 사러 간 사이에 신랑이 오므로 준비하였던 자들은 함께 혼인 잔치에 들어가고 문은 닫힌지라 [11] 그 후에 남은 처녀들이 와서 이르되 주여 주여 우리에게 열어 주소서 [12] 대답하여 이르되 진실로 너희에게 이르노니 내가 너희를 알지 못하노라 하였느니라 마 25:10-12

주님은 뒤늦게 기름을 구해 온 미련한 처녀들을 향해 "내가 너희를 알지 못하노라"라고 하신다. 나는 이 부분을 읽으며 주님이 너무하다고 생각했다. 늦었지만, 그래도 기름을 구해 왔는데 너무 매몰차게 말씀하시는 것 아닌가 생각했다. 말씀을 똑똑히 읽지 않았기 때문이다.

이제는 알겠다. 이 미련한 처녀들은 주님을 기다리는 신부라고 하면서 아무런 준비를 하지 않았다. 준비하지 않았다는 것은 기다렸다고 보기 어렵다. 그래서 주님이 모른다고 하신 거다. 성경은 내 마음대로 읽으면 안 된다. 내 생각대로 읽으면 안 된다.

오늘 말씀을 읽는데 마음에 찔림이 생긴다. 내가 말씀 속에 나오는 미련한 처녀 같다는 생각이 든다. 주님을 끔찍이 사랑하며,

주님 오실 날을 손꼽아 기다리고 있다고는 하지만, 정작 주님이 말씀하신 기름은 준비하지 않고 등만 들고 기다리고 있는 것은 아닐까? 그러지 않고서야 말씀을 이렇게 잘못 읽을 순 없다.

이제부터는 말씀을 꼼꼼히 읽기로 했다. 그래야 주님의 마음을 잘 알 수 있고, 말씀하신 대로 살 수 있으니까 말이다. 그리고 주님이 말씀하신 것들을 잘 듣고 준비해야겠다. 미련한 처녀가 되지 말자.

오늘이 주님 오시는 날이 아니라 감사하다. 이제라도 주님이 주신 말씀들을 꼼꼼히 읽어서 주님이 원하시는 등과 기름을 준비할 수 있으니 감사하다. 그래서 오늘도 감사한 날이다

주님을 울리지 말자

⁴¹ 가까이 오사 성을 보시고 우시며 ⁴² 이르시되 너도 오늘 평화에 관한 일을 알았더라면 좋을 뻔하였거니와 지금 네 눈에 숨겨졌도다 눅 19:41-42

주님이 우신다. 예루살렘이 평화에 관한 일을 모르는 것 때문에 우신다.

³² 마리아가 예수 계신 곳에 가서 뵈옵고 그 발 앞에 엎드리어 이르되 주께서 여기 계셨더라면 내 오라버니가 죽지 아니하였겠나이다 하더라 ³³ 예수께서 그가 우는 것과 또 함께 온 유대인들이 우는 것을 보시고 심령에 비통히 여기시고 불쌍히 여기사 ³⁴ 이르시되 그를 어디 두었느냐 이르되 주여 와서 보옵소서 하니 ³⁵ 예수께서 눈물을 흘리시더라 요 11:32-35

요한복음에도 예수님이 우시는 장면이 나온다. 마리아가 예수님의 능력과 마음을 너무나 몰랐기 때문이다. 평화의 왕으로 오신 예수님을 못 알아보고, 죽은 자도 살리시는 예수님의 능력을 몰랐기 때문에 우신 거다.

다른 것은 몰라도 주님이 이 세상에 평화의 왕으로 오신 분인 것은 믿어야 하고, 죽은 자를 살리시기 위해 오신 분이란 것만은 꼭 믿어야 한다. 주님을 기쁘시게 하지는 못할망정, 주님을 우시게 할 순 없지 않은가!

생각해 보면 나도 주님을 울린 적이 있다. 나도 주님이 어떤 분인지 몰랐고, 주님의 마음도 몰랐고, 주님의 뜻은 더더욱 몰랐던 사람이었다. 의사 선생님으로부터 아이가 오늘밤을 못 넘길 것 같다는 말을 듣는 순간, 나는 울면서 주님 앞에 기도했다.

"주님, 무조건 살려 주세요. 무조건 살려 주셔야 해요. 그래야 사람들이 믿음이 좋은 아이는 하나님이 살려 주시는구나 하면서 하나님께 영광 돌리지요. 그러니까, 무조건 살려 주세요."

하지만 이제는 알 것 같다. 그날 밤, 주님은 무조건 아이를 살려 달라고 기도하는 나를 보시며 눈물을 흘리셨을 거다.

그 뒤로도 나는 주님을 울게 한 적이 많다. 주님의 뜻을 몰랐기 때문이다. 때론 주님의 뜻을 아는데도 내 뜻대로 해 달라고 기도 하기도 했다. 하지만 이제는 아니다. 매일 아침 큐티 말씀을 통해 주님을 만나고 교제하다 보니, 주님이 어떤 분인지 알게 되었다. 그리고 온전하신 주님의 뜻과 마음까지 알게 되었다.

> [6] 그는 근본 하나님의 본체시나 하나님과 동등됨을 취할 것으
> 로 여기지 아니하시고 [7] 오히려 자기를 비워 종의 형체를 가
> 지사 사람들과 같이 되셨고 [8] 사람의 모양으로 나타나사 자
> 기를 낮추시고 죽기까지 복종하셨으니 곧 십자가에 죽으심
> 이라 빌 2:6-8

주님은 근본 하나님이시다. 그럼에도 불구하고, 자기를 비워 종의 형체를 가지고 사람 모양으로 나타나 십자가에 돌아가심으 로 우리를 구원하셨다. 그래서 나는 더 이상 주님을 울릴 수 없다. 주님이 어떤 분인지 몰랐다면 모를까, 이렇게 알게 되었는데 주님 을 울릴 수는 없다.

우리를 위해 이 땅에 오실 수밖에 없었던 주님의 마음, 피할 길 을 구했지만 십자가에 못 박힐 수밖에 없었던 주님의 마음, 우리 큰딸을 사랑하셨지만 데려가실 수밖에 없었던 주님의 마음, 우리

를 사랑하지만 심판하실 수밖에 없는 주님의 마음, 우리를 기다려 주시지만 언젠가 심판을 하셔야만 하는 주님의 마음, 그 모든 마음을 알게 되었기 때문이다.

오늘도 말씀을 통해 우리를 향해 울고 계시는 주님의 마음을 알게 하시니 감사하다. 또 나를 향해 울고 계셨던 주님의 마음을 알게 하시니 감사하다. 주님을 기쁘시게는 못할망정 주님을 울리는 사람은 되지 말라고 하시니 감사하다. 그래서 오늘도 감사한 날이다.

육의 근육 키우기

사랑하는 자여 네 영혼이 잘됨같이 네가 범사에 잘되고 강건하기를 내가 간구하노라 요삼 1:2

하나님은 영은 거룩하고 육은 악하다고 말씀하지 않으신다. 영과 육이 모두 중요하다고 하시며, 우리의 영만큼이나 육도 강건하기를 바란다고 하신다.

수년 만에 고등학교 동창이 집을 방문했다. 우리는 정말 오랜만에 엄청 수다를 떨었다. 그러다가 친구가 우리 나이에는 뭐니 뭐니 해도 건강을 돌보는 일이 최고라면서, 자기는 요즘 무슨 일이 있어도 매일 근육 운동을 하고, 수영에 요가도 한다고 했다. 그리고 틈나는 대로 걷는다고 했다. 그러면서 내게 어떤 운동을 하느냐고 물었다.

나는 솔직하게 말했다. 시간 날 때마다 걸으려고 하는데 쉽지 않다고, 더우면 더워서 못 걷고 추우면 추워서 못 걷는다고 했다. 친구가 펄쩍 뛰며 우리 나이에 그러면 안 된다고 호들갑을 떨었다. 그러면서 자기 팔뚝과 허벅지 근육을 만져 보라고 했다. 시키는 대로 만져 보니 정말 딴딴해서 놀랐다.

하지만 나도 매일 하는 건 있었다. 큐티와 성경 통독을 매일 하고 있다. 그래서 친구에게 그 이야기를 했다. 친구는 대단하다며 나를 치켜세워 주었다. 자기에게는 없는 영적 근육이 내게는 있겠다고 말해 주었다. 친구도 교회를 다니고 있었는데, 자기도 앞으로는 운동만 하지 않고 큐티도 하고 말씀도 읽겠다고 했다. 내친김에 나는 아가서를 펼쳐 놓고 한바탕 설교까지 했다. 내 영적 근육을 보여 준 것 같아 흐뭇했다.

친구가 집으로 돌아가고 난 후 나는 곧바로 회개했다. 주님이 그 친구를 통해 내게 하고 싶은 말씀이 있으신 것 같았다. 사실 나는 정말 운동을 안 한다. 영적으로는 어떤지 몰라도 몸의 근육은 전혀 단련되어 있지 않다. 큐티를 하는데 하필 본문 말씀이 요한삼서 1장 2절이다. 영혼이 잘됨같이 범사에 잘되고 강건하기를 바라신다는 말씀을 읽으니, 몸의 건강도 챙겨야겠다는 생각이 든다. 그것을 깨닫게 하시려고 주님이 친구를 보내주신 것 같다.

사실 지금 온 세계가 코로나에 오미크론에 온갖 전염병으로 몸살을 앓고 있다. 나도 언제 끝날지 모를 팬데믹 상황에서 백신 주사를 맞았다가 근육통과 어지럼증, 메스꺼움으로 정말 고생을 많이 했다. 그뿐이 아니다. 면역력이 떨어져서인지 툭하면 감기에 소화불량, 온몸 근육통에 안 아픈 곳이 없다. 그래서인지 마지막 때에 영과 육이 함께 강건하지 않으면 앞으로 닥칠 일들을 쉽게 감당하지 못할 수 있겠다는 생각이 든다.

오늘도 감사하다. 말씀을 통해, 또 친구를 통해 영과 육이 모두 건강해야 한다고 말씀해 주시니 감사하다. 그래서 오늘도 감사한 날이다.

나는 큐티하는 순간만이라도
솔직하게 묵상하고 적용하려고 한다.
거짓 없이 솔직하게 큐티하는 것이
부족하고 연약한 내 모습 이대로 주님 앞에 나가는 것이라
생각하기 때문이다.

Part 5

만나 집사의
전도 일기

1

내가 잃었던
한 마리
양인 줄도 모르고

³ 예수께서 그들에게 이 비유로 이르시되 ⁴ 너희 중에 어떤 사람이 양 백 마리가 있는데 그 중의 하나를 잃으면 아흔아홉 마리를 들에 두고 그 잃은 것을 찾아내기까지 찾아다니지 아니하겠느냐 ⁵ 또 찾아낸즉 즐거워 어깨에 메고 ⁶ 집에 와서 그 벗과 이웃을 불러 모으고 말하되 나와 함께 즐기자 나의 잃은 양을 찾아내었노라 하리라 ⁷ 내가 너희에게 이르노니 이와 같이 죄인 한 사람이 회개하면 하늘에서는 회개할 것 없는 의인 아흔아홉으로 말미암아 기뻐하는 것보다 더하리라 눅 15:3-7

처음 이 말씀을 읽을 때는 잘 이해가 안 됐다. 예수님은 아흔아홉 마리는 어떻게 하라고 잃어버린 양 한 마리만 찾으러 다니시는 걸까 싶었다. 그러다 아흔아홉 마리 양들이 다 도망가면 어떻게 하느냐 말이다.

지금 생각하면 그때는 내가 예수님의 마음을 전혀 이해하지 못했던 것 같다. 주님의 관점이 아니라 내 관점으로만 성경을 읽었기 때문이다. 예수님에게 잃어버린 양 한 마리, 회개하고 돌아와야 하는 양 한 마리가 얼마나 중요한지 몰랐다.

주님이 그토록 찾아 헤매던 양 한 마리가 바로 나였다는 사실도 몰랐다. 나는 주님을 피해 도망 다니며 세상을 헤매고 다녔었다. 어려운 일이 생겨도 어떻게든 세상에서 답을 찾았다. 주님 안에 해결 방법이 있을 거라는 생각은 하지 못했다. 주님은 이런 나를 잃어버린 양이라 생각하시고 안타까운 마음으로 찾아다니셨고, 결국에는 아흔아홉 마리가 있는 양의 무리로 인도해 주셨다.

그것도 모르고 나는 주님에게 끌려가지 않으려고 주님 속을 많이 썩였다. 그런데도 주님은 끝까지 나를 포기하지 않으셨다. 마침내 나를 매일 아침 주님이 주시는 만나를 먹는 큐티하는 사람으로 만들어 주셨다.

그동안 만나를 줍고 먹으며 살던 내가 이제는 잃어버린 주님의 양들에게 만나를 나누어 주며 살고 있다.

잃어버린 양이었던 나를 아흔아홉 마리의 양 무리로 인도해 주신 주님께 감사하다. 그래서 오늘도 감사한 날이다.

2

때를 얻든지
못 얻든지

너는 말씀을 전파하라 때를 얻든지 못 얻든지 항상 힘쓰라
범사에 오래 참음과 가르침으로 경책하며 경계하며 권하라

딤후 4:2

이 말씀은 쉬워 보이지만 어렵다. 때를 얻든 못 얻든지 항상
말씀을 전파하고 권하는 일이 어디 쉽겠는가. 특히 요즘같이 코로
나로 사람들이 대면하기를 꺼리는 때는 더욱 어렵다. 하지만 이럴
수록 우리는 오래 참음과 가르침으로 항상 말씀을 전파하고 권해
야 한다.

얼마 전, 집에 가려고 택시를 탄 적이 있다. 사실, 나는 택시를 탈
때마다 전도를 한다. 그날도 택시에 타자마자 나는 백미러를 통해

기사님 얼굴을 보았다. 말씀을 전파하려면 상대방의 인상이나 기분을 살피면서 조심스럽게 말을 꺼내야 하기 때문이다.

내가 제일 먼저 시작하는 말은 언제나 이거다.

"어머나, 인상이 너무 좋으시네요. 꼭 교회 다니는 분 같아요."

그렇게 말하면 대부분 사람들이 웃으며 좋아한다.

"교회는 안 다니는데, 인상이 좋다고 하시니 좋네요."

이런 대답이 돌아오면 성공이다. 그러면 본격적으로 전도에 들어간다.

"아, 교회에 안 다니시는구나. 교회에 가신 적이 한 번도 없으세요? 어릴 적에도 가신 적 없으세요?"

그리고 나서 돌아오는 대답에 따라 상황과 분위기를 살펴 복음을 전한다. 일종의 간증처럼 말이다.

"사실 저도 하나님 안 지는 얼마 안 돼요. 그런데 제가 하나님을 믿기로 한 이유가 있어요. 밑져야 본전이라는 마음이에요. 죽지 않고 살 수 있다면 굳이 하나님을 믿을 필요가 뭐 있겠어요. 그런데 아니잖아요. 사람은 모두 죽잖아요. 돈 많은 사람도 죽고, 돈 없는 사람도 죽고, 유명한 사람도 죽고, 유명하지 않은 사람도 죽잖아요. 그런데 성경은 하나님을 믿어야 죽어서 천국에 간대요. 믿기만 하면 천국에 간대요. 안 믿으면 못 간대요. 그렇다면 한 번 믿어 볼 만하지 않겠어요? 믿다 죽었는데 그게 거짓말이었고 모든 것이 무로 돌아가면 할 수 없는 일이지만, 만에 하나라도 안 믿다 죽었는데 그 말이 사실이라 지옥에 가 버리면 큰일이잖아요. 이왕이면 천국에 가야 좋지 않겠어요? 그래서, 전 믿어 보기로 했어요.

그런데 신기하게 그렇게 결심하니까 어느 날부터 진짜 믿어지더라고요. 하나님이 살아 계시다는 사실이 믿어졌어요. 사실 제가 교회 다니는 사람들을 싫어했던 이유가 있어요. 죄인이란 말 때문이에요. 아니, 내가 왜 죄인이에요. 나는, 그렇게 죄인 소리 들을 만한 사람이 아닌데요. 나는 누구에게 사기 치지도 않았고, 누구를 다치게 하지도 않았고, 누구를 죽인 적도 없어요. 그래서 교회 다니는 사람들이 '죄인' '죄인' 하는 말이 너무나 싫었어요. 그런데 교회에서 말하는 죄는 세상에서 말하는 죄가 아니란 걸 알게 되었어요. 교회 다니는 사람이 말하는 죄는 이 세상을 창조하신 하나님을 알지 못하고, 믿지 못하는 거였어요. 그렇다면 저도 죄인이잖아요. 저도 하나님이 살아 계신 것과 하나님이 이 세상을 창조하신 것을 믿지 않았던 사람이니까요."

그날따라 기사님이 어찌나 열심히 들으시던지, 나는 정말 최선을 다해 하나님이 살아 계시는 것과 하나님을 믿어야 하는 이유에 대해 말했다. 그래선지, 조금도 지루하지 않게 집에 도착했다.

"기사님, 잘 들어주셔서 감사합니다. 꼭 교회에 나가세요"라고 말하며 택시에서 내리려는데, 기사님의 한마디가 내 발목을 잡았다.

"사실 나는 교회 장로예요."

너무 놀랐다. 그런데 기사님의 다음 말이 나를 더 놀라게 했다.

"이렇게 택시를 몰고 다니면 전도하시는 분들이 많아요. 그런데 손님이 제일 잘하시네요. 저도 장로지만, 많이 배웠습니다. 앞으로 저도 손님들한테 그렇게 전도해야겠습니다. 감사합니다."

택시에서 내려 집으로 가는데, 기분이 좋았다. 택시 기사님에게 이렇게 칭찬받은 것은 처음이었다. 그런데 생각해 보니 이 칭찬은 우리 주님이 기사님을 통해 내게 해 주신 것 같다.

그날을 생각하면 지금도 감사하다. 때를 얻든지 못 얻든지 항상 말씀을 전파하란 말씀이 생각나 전도를 했더니, 주님이 칭찬해 주신 것 같아 감사하다. 그래서 오늘도 감사한 날이다.

3

복음의 말은
주님이
넣어 주십니다

이제 가라 내가 네 입과 함께 있어서 할 말을 가르치리라

출 4:12

하나님은 모세에게 애굽에서 이스라엘 백성을 인도해 내라고 하셨다. 그러나 모세는 말을 잘하지 못한다며 극구 사양했다. 그 말에 하나님은 친히 모세의 입에 할 말을 가르쳐 주겠다고 하셨다.

사실, 나도 이와 같은 경험을 한 적이 있다. 정말 생각하지 못한 곳에 하나님이 나를 보내시고, 생각하지 못한 말을 하게 하신 경험이 있다.

나에게는 이단 종교에 빠져 있는 친구가 두 사람 있다. 한 친구는 중학교 때부터 친구인데 구원파에 다니고, 다른 한 친구는 고

등학교 때 친구인데 여호와의 증인이다. 당시 믿음도 없는 나였지만 우리는 종교 얘기만 나오면 의견이 달라 부딪칠 때가 많았다.

그런데, 지금 생각해 보면 그것도 다 하나님의 계획 안에 있었던 일이 아닌가 싶다. 그러지 않고는 도저히 있을 수 없는 일이 일어났기 때문이다. 약 15년 전의 일이다.

나는 저녁을 먹은 후 설거지를 하고 있었다. 그런데 친구에게 전화가 왔다. 어머니가 곧 돌아가실 것 같다는 전화였다.

"우리 엄마가 너 좋아했잖아. 잠깐 와 줄 수 있어?"

사실 친구 어머니는 치매 환자셨다. 그래서 친구 어머니는 남편도 잘 못 알아보시고, TV에 젊은 아나운서가 나오면 너무 부끄러워하면서 좋아하시곤 했다. 그런데도 친구 아버지는 힘들어하시면서도 치매에 걸린 어머니를 요양병원에 안 보내시고 직접 돌보셨다.

난 친구의 부탁으로 어머니를 뵈러 자주 갔었다. 하루 종일 누워만 계셔서 허리도 많이 아프고, 다리도 아파하신다고 와서 침을 놔 달라고 했기 때문이다. 그 때문인지, 친구 어머니는 나를 많이 좋아하셨다.

친구 집으로 가려는데 친구가 전화로 이런 말을 했다.

"조심해서 와. 그런데 엄마에게 기도는 절대 하지 마. 애경아, 우리 식구들 다 여호와의 증인인 거 알지?"

"응."

전화를 끊으며 기분이 참 이상했다. 왜 구원파 친구도 그렇고,

여호와의 증인 친구도 그렇고 나 같은 사람에게 기도하지 말라고 하는지 아무리 생각해도 이해되지 않았다. 그런데 한편으로 생각해 보면 구원파인 친구나 여호와의 증인인 친구는 자기 어머니들은 이미 천국 백성이 되었는데, 나 같은 사람이 기도하면 큰일이 난다고 생각했던 것 같다.

친구 어머니가 위중하셔서 그런지 식구가 모두 와 있었다. 그런데 나를 쳐다보는 눈빛들이 심상치 않았다. 왜 여호와의 증인이 아닌 사람을 불렀느냐는 표정이었다. 그걸 눈치 챈 친구가 형제들에게 어머니가 나를 좋아해서 불렀다고 했다. 그래도 나를 쳐다보는 표정들이 좋지 않았다. 행여 내가 자기 어머니에게 기도를 한다든지, 만지기라도 할까 봐 어머니가 누워 계신 침대에 바짝 붙어서 멀리 서 있는 나를 감시까지 했다.

나는 머쓱하게 서서 눈치만 보고 있는데 그때 친척 중 한 분이 저녁거리를 잔뜩 사 가지고 들어오셨다. 모두들 나가서 저녁을 먹기 시작했다. 살펴보니 어머니 침대 옆에서 나를 감시하던 친구 오빠도 보이지 않았다.

나는 어머니가 누워 계신 침대 곁으로 조금 더 다가갔다. 마침 친구가 부엌에서 나오며 "애경아 너도 같이 저녁 먹을래?" 한다. 그래서 "아니야. 나는 저녁 먹고 왔어. 신경 쓰지 마. 잠깐 어머니 얼굴 뵙고 집에 갈 거야" 했더니 친구는 "나도 밥 먹고 올 테니 네가 우리 엄마 잠깐 봐 주고 있어. 다시 부탁하지만, 우리 엄마한테 기도하지 마"라고 말했다.

나는 누워 계시는 어머니 곁에 서서 어머니 얼굴을 보았다. 정말 편안해 보이셨다. 임종 전에 보통은 다 병원으로 모시는데, 여호와의 증인 사람들은 수혈도 안 한다고 하더니, 어머니도 그냥 집에서 모시는구나 싶었다.

그런데 갑자기 누군가가 나한테 말하는 것 같았다.

"너 지금 이러고 있을 때가 아니잖아."

순간, 나도 모르게 이 시간을 이렇게 보낼 순 없다는 마음이 들었다. 그래서 누워 계신 어머니를 붙들고 기도하기 시작했다.

"하나님, 솔직히 지금 제가 왜 여기 있는지 모르겠어요. 그리고 지금 무슨 말로 기도해야 할지도 모르겠어요. 만약 하나님이 저를 이곳에 보내셨다면 제 입술을 주님이 주장해 주세요."

그때 기도할 말이 떠오르는 것 같았다. 그래서 나도 모르게 어머니의 손을 꼭잡고 기도를 시작했다.

"주님, 지금 이 순간, 여기에 누워 계신 어머니의 영혼을 부탁합니다. 이 영혼이 예수님을 만나기를 기도합니다. 그래서 이 영혼이 천국으로 인도되길 간절히 기도합니다. 모든 말씀 우리 주 예수 그리스도의 이름으로 간절히 기도합니다. 아멘."

기도하다가 정말 놀랐다. 의식 없이 누워 계신 어머니가 마치, 내가 한 기도에 "아멘" 하시는 것같이 내 손을 꼭 잡았기 때문이다. 그 순간 정말 땀이 쭉 날 정도로 기분이 이상했다.

다음 날, 친구 어머니는 돌아가셨다. 그날을 생각하면 지금도 감사하다. 어떻게 어머니는 내가 한 기도에 아멘이라도 하듯이 내 손을 세게 잡으셨는지 모든 게 감사하다. 나 같은 게 뭐라고 친구 어머니를 위해 기도하게 하시고, 또 기도할 때 할 말을 생각나게 하셨는지 지금 생각해도 감사하다.

사실, 난 친구 어머니가 천국에 가셨는지 아닌지 알지 못한다. 하지만 나 같은 사람을 불러서 어머니를 위해 기도할 시간까지 주신 하나님을 생각하면, 친구 어머니가 천국에 가셨다는 믿음이 생긴다. 그리고 내 손을 꽉 잡았던 어머니를 생각하면 어머니가 천국에 가신 걸 조금도 의심하고 싶지 않다.

나 같은 죄인을 그런 자리에 불러 주시고, 기도하게 하신 하나님의 은혜에 감사하다. 그래서 오늘도 감사한 날이다.

나 같은 죄인을 그런 자리에 불러 주시고,
기도하게 하신 하나님의 은혜에 감사하다.
그래서 오늘도 감사한 날이다.

4

길 잃은
양 한 마리

¹² 너희 생각에는 어떠하냐 만일 어떤 사람이 양 백 마리가 있
는데 그 중의 하나가 길을 잃었으면 그 아흔아홉 마리를 산
에 두고 가서 길 잃은 양을 찾지 않겠느냐 ¹³ 진실로 너희에
게 이르노니 만일 찾으면 길을 잃지 아니한 아흔아홉 마리보
다 이것을 더 기뻐하리라 마 18:12-13

이 말씀을 볼 때마다 생각나는 일이 있다. 얼마 전, 모 기독교 방
송국에서 간증을 해 달라고 해서 택시를 타고 방송국에 갔을 때의
일이다. 나는 택시를 탈 때마다 기사님들에게 복음을 전했지만, 그
날은 그러고 싶지 않았다. 방송에서 하게 될 간증문을 다시 읽어 보
며 준비를 하고 싶었다. 그런데 택시에 타는 순간부터 주님이 너무

나 강력하게 기사님에게 복음을 전하라는 마음을 주셨다.

처음에 나는 "주님, 싫어요. 저 오늘 간증하러 가는 거 아시잖아요. 저 지금 간증할 원고 다시 한번 읽어 봐야 한단 말이에요"라고 속으로 기도했다. 그랬더니 주님이 한번 더 확실하게 마음을 주셨다.

"그럼 오늘 하게 될 간증을 기사님에게 먼저 해 보면 되잖아."

처음 보는 사람 앞에서 딸 이야기까지 하라니. 그렇지만 주님이 이렇게 강력하게 마음을 주실 때는 순종해야 한다는 것을 알고 있었다. 그래서 조심스럽게 기사님 얼굴을 살피면서 말을 꺼냈다.

"기사님, 지금 제가 어느 방송국에 가는지 아세요?"

"기독교 방송국 아닌가요?"

"어머, 아시는구나. 아저씨, 제가 왜 기독교 방송국에 가는지 궁금하지 않으세요?"

그랬더니 기사님이 백미러로 내 얼굴을 쳐다본다. 그래서 얼른 기사님과 가까운 쪽으로 바짝 당겨 앉았다.

"사실, 저 지금 간증하러 가요. 그래서 지금 조금 떨려요. 그런데 제가 기사님 앞에서 오늘 할 간증을 연습해 봐도 될까요?"

기사님은 별 사람도 다 있다는 듯이 픽 웃으며 그렇게 하라고 했다.

"제가 택시 기사님에게 전도를 한 적은 많지만, 딸 이야기까지 하는 것은 처음 같아요. 사실, 저는 10년 전 스물일곱 살 꽃같이 예쁜 딸을 하늘나라에 보냈어요. 그때 우리 딸은 사랑하는 사람이 있어서 결혼을 준비하고 있었어요. 우리 딸이 얼마나 착했는지 아세요? 얼굴도 예쁘고, 믿음도 좋았어요. 그랬던 딸이 갑자기 암에 걸렸어요. 시집도 못가고 하늘나라에 갔어요. 하나님이 딸을 데려가셨어요. 그때 제 마음이 어땠을 것 같으세요. 거의 미친 사람 같았어요. 그래서 하나님을 무지 원망했어요. 왜 우리 딸처럼 착하고 믿음도 좋은 아이를 암에 걸리게 하셨느냐고, 왜 하늘나라에 데려가셨느냐고 하나님께 따졌어요. 매일 울면서 하나님을 원망했어요. 그러다 문득 그런 생각이 들었어요. 내가 왜 이렇게 하나님을 원망하고 있는 거지. 나는 하나님을 믿지도 않았잖아. 하나님이 살아 계시다고 믿지도 않았잖아. 그런데도 하나님을 원망하고 있는 나 자신이 정말 이상했어요.

그러다 생각했어요. 나도 몰랐지만, 나는 하나님이 살아계신 것을 믿고 있었어요. 그렇지 않다면, 이렇게 하나님을 원망할 수 없다는 생각이 들었거든요. 그래서 그날 처음으로 하나님 앞에 진심으로 기도했어요. '하나님! 당신이 살아 계시다면 왜 내 딸이 암에 걸려야 했고, 왜 그 꽃 같은 나이에 하늘나라에 가야 했고, 왜 나에게 이런 일이 일어난 건지 알게 해 주세요.'"

그렇게 나는 집에서 방송국까지 가는 50분 동안 정말 열심히 간증을 했다. 그리고 방송국 앞에 도착하니 기사님이 "그냥 내리세요. 어려운 이야기해 주어서 감사해요. 그리고 오늘 간증 잘하세요"라고 이야기하는 것이다. 나는 "아니에요. 그럴 순 없어요. 요금은 받으세요. 그리고 이건 제가 쓴 책인데 부끄럽지만 기사님께 한

권 드릴게요. 시간 날 때 꼭 읽어 보시고, 제 생각 나면 꼭 교회에 나가서 하나님 만나세요" 하고 이야기했다.

그랬더니 기사님이 놀라운 이야기를 해 주었다.

"사실 나도 학교 다닐 때 교회에 나간 적이 있어요. 그런데 사는 게 바빠서 교회를 다니지 않았는데, 오늘 손님 이야기를 들으면서 이제는 교회에 안 가면 더 버틸 수는 없겠다는 마음이 들었어요. 손님이 하는 말씀이 나를 부르시는 하나님의 음성으로 들렸거든요."

나는 너무 놀랐다. 할렐루야를 외치면서 새끼손가락을 기사님을 향해 내밀었다.

"저와 꼭 교회에 나가겠다고 약속하실래요?"

기사님은 눈물까지 글썽이며 새끼손가락을 나에게 내미셨다. 나는 얼른 택시 안에 있는 기사님의 이름을 보고, 앞으로 기사님을 위해 기도하겠다고 말하고 택시에서 내렸다.

지금 생각하면, 그날 하나님께서 내게 원하셨던 간증은 방송국에서가 아니라, 택시에서의 간증 같다. 예수님에게는 그 기사님이 길을 잃어버린 양 한 마리였기 때문이다.

길을 잃은 한 마리 양, 택시 기사님에게 간증하게 하셔서 감사하다. 기사님이 다시 교회에 나가겠다고 약속까지 하신 그 일을 생각하면 지금도 감사하다. 그래서 오늘도 감사한 날이다.

5

교통사고 난 김에
전도

사람이 마음으로 자기의 길을 계획할지라도 그의 걸음을 인
도하시는 이는 여호와시니라 잠 16:9

하나님은 내가 아무리 계획을 세워도 소용없게 만드시며 나의
모든 발걸음을 인도하시는 분이다. 그런데 내 발걸음만 인도하시
는 게 아니라 사랑하는 모든 자녀의 발걸음을 인도하시는 분이다.

얼마 전에 정말 기막힌 일이 있었다. 그날은 잘 아는 지인들에게
식사를 대접하는 날이었다. 행여 늦을까 일찌감치 출발했는데 생
각보다 고속도로가 많이 막혔다. 불안해지기 시작했다. 그래서 운
전하는 남편의 눈치를 보며 말했다.

"내가 좀 더 일찍 나오자고 했잖아. 여기서 나가서 다른 길로 가

면 안 되나? 일차선보다 바깥쪽 차선이 더 잘 빠지는 것 같은데."

그랬더니 남편이 그런다.

"다 똑같애. 아무튼 안 늦을 테니 걱정 마. 여기만 지나면 잘 빠질 거야."

남편에게는 운전할 때 몇 가지 버릇이 있다. 그중 하나가 일차선을 좋아한다는 것이다. 고속도로를 타든, 넓은 도로를 달리든 무조건 일차선으로 들어간다. 그런데 나는 일차선을 싫어한다. 일차선을 달리는 차들은 속도가 너무 빨라 무섭다. 이번에는 차가 막혀 빨리 달리지는 않았지만, 문제는 유독 차가 막히던 날 일차선이 점점 더 느려지는 것 같았다는 것이다. 시계를 보니 약속 시간까지 20분밖에 남지 않았다. 도저히 이 상태로는 시간에 맞춰 갈 수 없을 것 같았다.

"큰일났다. 이러다 정말 늦겠다. 아무래도 바깥 차선으로 나가든지 다른 길로 가는 게 좋을 것 같아."

내가 아무리 말해도 남편은 꿈쩍하지 않았다. 주변 차들도 꿈쩍하지 않기는 마찬가지였다. 정말 고속도로 길이 꽉 막혀 있었다. 나는 속이 타서 죽을 것 같았다. 참다못해 내가 또 한마디했다.

"저기 제일 끝 차선은 좀 빠지는 것 같은데."

그 순간 남편이 내 얼굴을 한 번 보더니, 갑자기 핸들을 확 꺾는 게 아닌가. 무슨 생각이었는지 제일 바깥 차선을 향해 차를 돌렸다.

"왜 그래. 나가더라도 살살 가야지."

간신히 차가 차선을 옮기는 순간, 내 말이 끝나기가 무섭게 "꽝!" 하는 큰 소리와 함께 차가 크게 흔들렸다. 뒤에서 오던 차가 우리 차를 받은 것이다. 그 충격이 얼마나 컸는지 차가 뒤로 푹 주저앉는 것 같았다. 나는 무의식적으로 양쪽 팔로 자동차 앞을 붙들었는데 팔목이 꺾인 것 같았다.

남편은 차를 갓길로 세우더니 내려서 사고 현장을 살폈다. 그러더니 보험회사에 전화를 걸고 사진을 찍으면서 사고 수습을 하고 있었다. 본인도 많이 놀랐을 텐데, 침착하게 일 처리를 하는 것을 보니 대단하다는 생각이 들었다. 그리고 남편은 놀라 떨고 있는 내게 와서 아무래도 오늘은 약속 장소에 못갈 것 같으니 더 늦기 전에 연락을 하라고 했다.

어디서 왔는지 견인차가 다섯 대나 왔다. 남편은 이번에도 침착하게 다른 견인차는 다 돌려보내고 우리 보험회사에서 온 견인차에 차를 싣게 했다. 그렇게 상황을 수습하는 남편에게 나는 너무 미안했다. 다 나 때문에 생긴 일 같았다.

"미안해. 내가 자꾸 빨리 가라고 하고, 차선 바꾸라고 해서 미안해."

견인차에 올라타서 우리 차를 보니 정말 기가 막혔다. 트렁크 부분이 완전히 부서지고, 뒷문짝까지 떨어져 나간 모습이 너무 처참해 보였다. 눈물이 왈칵 났다.

그때, 차를 다 올린 견인차 기사님과 남편이 차에 올라탔다. 정비소로 출발하려는데, 차 사고 충격 때문인지 목도, 허리도, 팔목도 아프고, 정말 온몸이 부서질 것처럼 아프기 시작했다. 남편은 한마디도 안 하고 창밖만 봤다. 기사님도 말 없이 운전만 했다. 나는 마음속으로 주님께 말했다.

"주님, 오늘 저한테 얼마나 중요한 일이 있었는지 아시죠? 그런데 왜 이런 일이 생긴 건가요? 이제 어떻게 해야 해요?"

그때 주님이 말씀하시는 것 같았다.

"뭘 어떡해. 그냥, 오늘을 중요한 날로 만들면 되지."

"오늘을 중요한 날로 만들면 된다고요?"

"오늘 저 기사님을 전도한 중요한 날로 만들면 되잖아."

기가 막혔지만 주님이 주신 마음에 순종해야 할 것 같았다. 그래서 말없이 운전하시는 기사님 얼굴을 슬쩍 보았는데 얼굴이 너무 무서워 보였다. 머리는 빡빡 밀고, 팔과 다리에는 문신이 그려져 있었다. 갑자기 자신이 없어졌다. 그래서 가만있을까 생각했는데, 그럴 수 없겠다는 마음이 들었다. 이것도 하나님이 주신 기회인데, 무시할 수는 없겠다는 마음이 들었다. 그래서 용기를 내서 기사님에게 말을 걸었다.

"기사님 인상이 너무 좋으신 것 같아요."

그 말에 아저씨는 내 얼굴을 흘끗 봤고, 남편은 제발 오늘은 참으라는 얼굴로 나를 보더니 고개까지 저었다. 잠시 말을 끊을까 하다가, 그래도 이렇게 갈 수는 없다는 생각에 계속 대화를 이어 갔다.

"혹시 교회에 다니세요? 왠지 교회에 다니시는 분 같아서요."

그 말에 기사님은 픽 웃으며 "그런 얘기는 처음 들어 봐요. 내가 어딜 봐서 교회에 나가는 사람 같나요?" 한다.

"모르겠어요. 그냥 그런 마음이 들어서요. 그럼, 혹시 가족 중에 교회 나가시는 분 있나요?"

그랬더니 기사님이 그런다.

"우리 딸이 교회에 나가요."

"어머나, 따님이 몇 살이에요? 기사님 닮았으면 예쁘겠어요."

"우리 딸은 중학교 3학년이에요. 그런데 요게 얼마 전부터 친구 따라 교회를 다니기 시작하더니 자꾸 나랑 제 엄마에게도 교회에 다니자고 하네요."

나는 그제야 오늘 교통사고도, 견인차 기사님을 만나게 하신 것도 하나님의 인도하심이었음을 알았다. 그렇다면 무슨 일이 있어도 기사님에게 하나님을 전하고 싶었다.

내가 "딸 너무 예쁘죠?" 하고 물으니 기사님은 "그럼요. 너무 예쁜 딸이죠" 한다. 내가 "그럼 딸에게 좋은 아빠가 되고 싶지 않으세요?" 하고 물으니 기사님은 "좋은 아빠 되고 싶죠" 한다. 나는 이때가 기회다 싶어 이렇게 말했다.

"그럼 딸이 원하는 교회에 한번 나가보세요. 예쁜 딸이 정말 좋아할 거예요. 어쩌면 딸은 아빠와 엄마가 교회에 나가게 해 달라고 매일 밤 하나님께 기도할지도 몰라요."

그 말을 가만 듣고 있던 남편이 급기야 나를 툭 치더니 이제 정말 그만하라는 얼굴로 바라봤다. 그렇지만 나는 그럴 수 없었다.

"기사님, 제가 생각해 보니 오늘 기사님 딸의 기도가 이뤄지는 날 같아요. 딸이 아빠가 교회에 나가게 해 달라고 얼마나 기도를 많이 했으면 하나님이 나 같은 사람을 만나게 하셔서 기사님에게 교회에 나가시라고 하겠어요."

아무튼, 나는 그날 기사님에게 하나님을 전하고 딸에게 선물하라고 찌그러진 차 트렁크를 간신히 열어 《오늘도 만나를 줍는 여자》 책까지 드렸다.

집으로 돌아오는 길, 택시 안에서 남편이 말했다.

"정말 대단해. 어떻게 그 정신에 전도를 해?"

"그럼 어떡해. 이왕 그렇게 된 거 뭐라도 주님이 기뻐하실 일을 해야지."

그 뒤로 나는 한동안 견인차 기사님 이름과 딸 이름을 부르며 기도했다. 그 일로 기사님이 하나님을 만나기를 기도했다.

비록 교통사고는 당했지만, 나는 그 일로 사람이 마음으로 자기의 길을 계획할지라도 우리의 걸음을 인도하시는 분은 하나님이시란 걸 확실하게 깨달았다. 그래서 오늘도 감사한 날이다.

6

갈렙처럼
산지를
취하세요

그날에 여호와께서 말씀하신 이 산지를 지금 내게 주소서 당신도 그날에 들으셨거니와 그곳에는 아낙 사람이 있고 그 성읍들은 크고 견고할지라도 여호와께서 나와 함께하시면 내가 여호와께서 말씀하신 대로 그들을 쫓아내리이다 하니 수 14:12

이 말씀을 보면 생각나는 일이 있다. 나도 이 말을 한 갈렙처럼, 도저히 말도 안 되는 어려운 자리에서 하나님께 "이 산지를 내게 주소서" 말한 적이 있기 때문이다.

아침에 친한 동생한테서 전화가 왔다.

"언니, 나 부탁이 있어서요. 언니, 꼭 들어주셔야 해요."

"무슨 일인데?"

"사실, 저 오늘 프레젠테이션(Presentation)을 하는 날인데 그걸 잘해야 다이아몬드 등급이 될 수 있어요. 그래서 여러 사람을 초대했는데 못 오겠다는 사람들이 많아서 인원이 모자라요. 언니 미안해요. 지금 많이 힘들 텐데 이런 부탁을 드려서요. 그런데 사람이 너무 모자라서요. 꼭 오셔서 자리 좀 채워 주세요."

"알았어. 내가 갈게."

사실, 그 동생은 다단계 회사에서 여러 가지 물건을 팔고 있었다. 남편하고 이혼하고 어린 아들과 살면서 이 사업을 시작하게 되었다. 그래서인지 잘해야겠다는 의욕이 크고 열심히 해서 다이아몬드 등급이 되고 싶어 했다. 다이아몬드 등급이 되면 가만있어도 돈이 통장에 입금된다고 하면서, 그래서 꼭 다이아몬드 등급이 되어야 한다고 말한 적도 있다.

아무튼, 뭐라도 도와주고 싶던 나는 준비를 마치고 동생이 말해 준 장소로 갔다.

도착해 보니, 생각보다 사람은 많지 않았다. 동생은 얼굴이 빨갛게 상기돼서 어쩔 줄을 몰라 했다. 너무나 중요한 날이라 그렇다고 했다. 그리고 동생의 프레젠테이션이 시작되었는데 이곳에 온 사람들에게 사업을 소개하는 그런 내용이었다.

"이 사업을 통해 노후 관리를 하세요. 그러면 아무 걱정 없이 노후를 보낼 수 있습니다."

동생에 이어 진짜 다이아몬드 등급 사람들이 나와서 자기가 누리고 있는 여러 가지 혜택에 대해서 말하기 시작했다. 그들이 하는 말도 똑같았다. 그들은 이 사업을 통해 노후 관리를 잘할 수 있다고 했다.

그런데 난 그때부터 살짝 힘들어지기 시작했다.

'아니, 노후 관리만 잘하면 뭐해. 노후 관리만 잘하면 천국 가나? 사후 관리를 잘해야 천국 가지. 그래서 우리처럼 나이가 많은 사람에게 진짜 필요한 것은 노후 관리가 아니라 사후 관리야.'

혼자 이렇게 생각하고 있는데 이번에는 오신 손님들에게 마이크를 넘기면서 한 마디씩 하라고 한다. 도저히 앉아 있고 싶지 않아서 집에 가려는데 동생이 얼른 다가와 말했다.

"언니, 곧 끝나요. 끝나면 같이 샌드위치 먹어요. 정말 많이 주문했어요."

어쩔 수 없이 다시 앉아서 손님들의 얘기를 듣기 시작했는데, 정말 힘들었다. 모든 사람이 "노후 관리, 노후 관리"라는 말만 하고 있었기 때문이다.

사실, 그 시절은 내 인생에서 가장 힘들었을 때였다. 아이를 하늘나라에 보내고 정말 어떻게 살아야 하나, 어떻게 해야 우리 딸이 간 천국에 갈 수 있을까 생각하던 때였다. 그래서 나는 노후 관리가 중요하지 않았다. 오직 사후 관리만이 중요했다.

그 순간 갑자기 '하나님이 왜 나를 여기에 보내셨을까'라는 생각이 들었다. 만약 나를 이곳에 보내신 분이 하나님이라면 나는 노후 관리가 아니라 사후 관리에 대해 한마디해야 하는 게 아닌가 하는 생각까지 들었다.

"혹시 나를 이 자리에 보내신 분이 하나님이 맞다면, 제가 사후 관리에 대해 잘 말할 수 있게 도와주세요."

기도를 마치자 내 차례가 되었다. 나는 하나님이 주신 기회라 생각하면서, 마이크를 두 손으로 꽉 잡고 내가 생각했던 말을 하기 시작했다.

"사실, 전 원래 이 자리에 초대받은 사람이 아닙니다. 자리를 메꾸러 온 사람입니다. 그래선지 죄송스럽지만 저는 노후 관리에 관심이 별로 없습니다. 대신 저는 사후 관리에 관심이 있습니다. 왜냐구요? 저는 두 달 전에 사랑하는 딸을 하늘나라에 보낸 사람입니다. 저는 딸이 하늘나라에 갈 때 사람이 진짜로 죽는다는 걸 처음 알았습니다. 왜냐하면 저는 딸이 진짜로 죽을 거라고 생각하지 않았기 때문입니다.

그래서 지금 저에게 노후 관리를 한다는 것은 너무나 사치입니다. 저는 사후 관리를 잘해서 딸이 있는 천국에 가려고 합니다. 그게 저의 바람이고 소망입니다. 죄송합니다. 이런 말을 하는 자리가 아닌 걸 알지만, 그래도 뭔가 말씀드려야 할 것 같아서 이렇게 용기를 냈습니다. 감사합니다."

말을 마치고 자리에 앉았을 때, 난 너무나 당황한 동생의 표정을 보았다. 그런데 그 순간 제일 높은 다이아몬드 등급이라는 분이 손을 높이 들고 박수를 치기 시작했다. 그러자 거기에 있던 모든 사람들이 함께 박수를 쳐 주었다. 그 뒤에 모든 사람들이 함께 샌드위치를 먹으며 노후 관리가 아닌, 사후 관리를 말하는 자리

나를 이곳에 보내신 분이 하나님이라면
나는 노후 관리가 아니라
사후 관리에 대해 한마디해야 하는 게 아닌가.
"이 산지를 내게 주소서."
모든 걸 하신 분은 하나님이셨다.

가 되었다.

지금 생각해도 나 정말 대단했다. 어디서 그런 용기가 나왔는지 정말 대단했다. 지금 생각하면 난 그날 갈렙이 여호수아에게 한 말을 하나님께 한 것이다.

"이 산지를 내게 주소서."

그리고 이제는 모든 걸 안다. 모든 걸 하신 분은 하나님이셨다. 하나님은 노후 관리만 생각하고 사는 사람들에게 사후 관리에 대해 말씀하고 싶으셨던 거다. 그래서 하루 종일 사후 관리만 생각하고 사는 나를 하나님의 도구로 사용하신 것이다.

나같이 부족하고 부족한 사람을 그런 자리에서 하나님의 도구로 사용해 주신 게 너무나 감사하다. 그래서 오늘도 감사한 날이다.

7

천국으로
가는 길

주께서 나를 모든 악한 일에서 건져내시고 또 그의 천국에
들어가도록 구원하시리니 그에게 영광이 세세무궁토록 있을
지어다 아멘 딤후 4:18

지난 3일 동안 이모의 장례식이 있었다. 이모는 자식이 없었기
때문에 내가 상주가 되어 모든 일정을 치렀다. 나는 이 장례식 기
간 동안 정말 많은 생각을 했다. 사실 그동안 장례식에는 참석만
했지, 입관하는 모습을 보거나 화장터까지 따라갈 일은 그렇게 많
지 않았다. 그렇다 보니 입관 전 차가운 철판에 누워 있는 이모의
모습은 충격적이었다. 화장터에서는 두꺼운 철문이 열리고 관이
들어간 후에 그 문이 닫히며 확 하고 불길이 쏟아 오르는데, 그 모

습은 더 충격적이었다. 살아생전 어떤 삶을 살았든 누구나 죽음은 똑같다. 항아리 하나 정도의 재로 나오는 우리의 몸. 나는 그 모든 순간을 똑똑히 지켜보며 전도서 말씀을 생각했다.

> ⁶ 은 줄이 풀리고 금 그릇이 깨지고 항아리가 샘 곁에서 깨지고 바퀴가 우물 위에서 깨지고 ⁷ 흙은 여전히 땅으로 돌아가고 영은 그것을 주신 하나님께로 돌아가기 전에 기억하라 ⁸ 전도자가 이르되 헛되고 헛되도다 모든 것이 헛되도다"전 12:6-8

그날은 이모가 은 줄같이 아끼던 몸이 풀리고 금 그릇같이 귀하게 생각하던 몸이 깨지는 날이었다. 항아리가 샘 곁에서 깨지고 바퀴가 우물 위에서 깨지는 것처럼 이 땅에서의 모든 삶이 깨지는 날이었다. 헛되고 헛된 세상을 떠나는 날이었다. 흙으로 만들어졌던 몸은 흙으로 돌아가고 영이 생명을 주셨던 하나님께로 돌아가는 날이었다.

하지만 나는 이날을 기뻐하고 감사할 것이다. 이모가 진짜로 살아나는 날이기 때문이다. 그래서 믿는 자의 장례식에서는 슬퍼할 필요가 없다. 비록 그의 몸은 이 땅에서 산산이 깨져 흙으로 돌아갔지만 그의 영은 어느 때보다 더 생생하게 살아서 주님과 함께하고 있기 때문이다.

> ¹³ 일의 결국을 다 들었으니 하나님을 경외하고 그의 명령

들을 지킬지어다 이것이 모든 사람의 본분이니라 ¹⁴ 하나님
은 모든 행위와 모든 은밀한 일을 선악 간에 심판하시리라
전 12:13-14

하지만 이날은 우리의 영이 하나님께로 돌아가 이 땅에서 했
던 모든 행위와 은밀한 일들에 대해 심판을 받는 날이기도 하다.

한번 죽는 것은 사람에게 정해진 것이요 그 후에는 심판이
있으리니 히 9:27

이 땅에 남은 우리는 하나님을 경외하고 그의 명령을 지키며 살
아야 한다. 바울은 이 모든 말씀을 알고 있었기 때문에 감옥의 그
고통 속에서도 사랑하는 아들 디모데에게 마지막 편지를 쓰면서
복음을 전하고 있다. 나도 그래야 한다. 나를 사자의 입에서 건져
주시고, 모든 악한 일에서 건져 내시고, 천국에 들어가도록 구원
해 주신 주님께 감사하며, 마지막 순간까지 복음을 전해야 한다.
장례를 치르느라 몸은 실컷 두드려 맞은 것처럼 피곤했지만, 그
래도 말씀으로 우리의 죽음에 대해 말씀해 주시고 천국 소망을 주
시는 주님이 계시니 감사하다. 이모를 이 땅의 모든 악한 일에서
건져 주시고 천국으로 인도하신 하나님께 감사하다. 그래서 오늘
도 감사한 날이다.

8

하나님을
모르는 자의
피 값

> 슬프다 이 성이여 전에는 사람들이 많더니 이제는 어찌 그리
> 적막하게 앉았는고 전에는 열국 중에 크던 자가 이제는 과부
> 같이 되었고 전에는 열방 중에 공주였던 자가 이제는 강제 노
> 동을 하는 자가 되었도다 애 1:1

이 말씀은 예레미야가 폐허가 된 예루살렘을 바라보며 탄식하
며 쓴 시다. 나는 정말 이 말씀과 너무나 비슷한 꿈을 꾼 적이 있
다. 나는 꿈을 많이 꾸는 편이다. 하지만 대부분은 아침에 일어나
는 순간 거의 기억나지 않는다. 그런데 정말 아주 가끔 시간이 많
이 흐른 뒤에도 생생하게 기억나는 꿈들이 있다. 어떤 꿈은 30년
이 지나서도 마치 어제 꾼 꿈처럼 기억난다. 지금 말하려고 하는

꿈도 바로 그런 꿈이다.

6촌 언니가 나오는 꿈이었는데, 그 언니는 전망이 좋은 큰 집에서 살고 있었고, 정말 좋은 차를 타고 다녔다. 나는 언니네 갈 때마다 그런 언니의 삶이 부러워지곤 했다.

그런데 꿈속에 언니가 살고 있는 동네에 큰 지진이 났다. 그 소식을 들은 내가 언니네로 달려갔다. 가면서 보니 온 동네가 폭격을 맞은 것처럼 무너져 있었다. 길도 다 막혀 간신히 언니 집에 도착했는데, 기가 막혔다. 내가 그렇게 부러워하던 언니네 멋진 2층 집이 정말 폭삭 주저앉아 있었다.

그런데, 언니 모습이 정말 이상했다. 언니가 거의 알몸으로 이상한 거적데기를 뒤집어쓰고 무너진 집 앞에 앉아 있었기 때문이다. 그래서 내가 "언니 도대체 어떻게 된 거야? 왜 이러고 있어? 왜 옷을 다 벗고 이러고 있어?" 하고 물으니, 언니는 "애경아, 나 모르겠어. 우리 집이 왜 이렇게 됐는지 모르겠어" 하고 말했다. 나는 일단 언니를 일으켜 세우려고 했다. 그런데 갑자기 언니가 두르고 있던 거적데기를 감싸며 뭔가를 숨기려고 했다. 내가 그것을 획 들추면서 "뭘 숨기는 거야?" 했더니 언니는 이상한 책을 감췄다. 그 책을 뺏어서 보니 웬 점술 책이었다. 내가 "이런 책을 보고 있으면 어떡해?" 하고 물으니 언니가 다시 책을 빼앗았다. 그 순간 나는 잠에서 깼다. 참 이상한 꿈이었다. 어떻게 이런 꿈을 꿀 수 있는지 깨고 나서도 신기했다.

그런데 생각해 볼수록 보통 꿈이 아니란 생각이 들었다. 아무래도 하나님이 꾸게 하신 꿈 같았다. 언니는 평소에도 점치러 다니는 것을 너무나 좋아했다. 해가 바뀌거나 무슨 일이 있으면 꼭 점을 치러 가곤 했다. 그때 나를 몇 번 데려간 적 있다. 그때마다 느끼는 거였지만, 언니는 점치는 사람이 하는 말을 정말 철석같이 믿는 것 같았다.

사실 그때 나는 아이를 하늘나라에 보내고 슬픈 마음에 아무 걱정 없이 사는 것 같아 보이는 언니를 많이 부러워했다. 지금 생각하면, 그때 하나님은 나에게 이런 꿈을 꾸게 하시면서 세상 부귀영화는 이렇게 부질없는 것이라고 말씀해 주신 것 같다. 그리고 하나님을 믿지 않고 점치러 다니는 사람들의 마지막 모습을 보여 주신 것 같다.

나는 언니에게 그 꿈 이야기를 하지는 못했다. 그리고 한국으로 나오게 되었다. 그런데 내가 한국에 나오고 1년 쯤 뒤에 언니가 한국에 왔다고 연락이 왔다. 오랜만에 언니를 만났는데, 언니는 여전히 예전처럼 지내고 있었다. 언니를 보는데 자꾸 꿈 생각이 났다. 차마 그 얘기는 할 수 없어서 대신 하나님을 전해야겠다고 생각했다.

"언니가 나한테도 잘해 주고 또 우리 제니퍼한테도 잘해 준 것, 나는 지금도 많이 고마워. 그래서 말인데, 내가 언니한테 그 고마움을 보답하고 싶어. 지금 내가 가진 가장 귀한 것을 언니에게 선물하려고 해."

언니는 내가 준비한 선물이 진짜 값비싼 것인 줄 알았는지, 네가 무슨 돈이 있어 그런 걸 주느냐며 사양하려 했다. 그래서 나는 다시 말했다.

"언니는 내가 가진 가장 귀한 게 뭐라고 생각해?"

"글쎄. 잘 모르겠어."

"내가 가진 가장 귀한 것은 내가 만난 하나님이야. 제니퍼 때문에 만나게 된 하나님이야. 언니, 우리 제니퍼 알지?"

"그럼, 알지. 제니퍼는 교회에 열심히 다녔잖아."

"그래서 지금 나는 제니퍼가 좋아했던 하나님, 그리고 내가 만난 하나님을 언니에게 전하려고 해."

"그렇구나. 그런데 애경아, 이런 말을 하기 그렇지만 나는 하나님 믿기 싫어. 너도 알잖아. 우리 엄마는 불교 신자였어. 하나님 모르고 돌아가셨어. 그런데 교회 다니는 사람들은 그러잖아. 하나님을 믿고 죽으면 천국 가고, 하나님을 믿지 않고 죽으면 지옥 간다고. 그래서 나는 교회에 나가기 싫어. 나만 하나님 믿어 천국 가면 뭐해. 영원히 우리 엄마 못 만나잖아. 나는 그냥 엄마처럼 절에 다니다가 엄마가 계신 곳으로 갈래."

언니와는 거기까지 이야기했다. 몇 번 더 이야기를 꺼냈지만 언니가 너무나 완고했고, 마음을 열지 않았다. 그런데 그날 밤 자려고 누웠는데 언니에게 전화가 왔다. 언니는 내게 뜻밖의 이야기를 해 주었다.

"애경아, 그래도 너한테 고마워. 사실, 제니퍼 믿음이 얼마나 좋았니. 너도 많이 힘들었을 거야. 나도 오늘 네가 한 말 다시 잘 생각해 볼게. 그리고 오늘 네 모습 보면서 제니퍼가 좋아하겠다는 생각이 들었어.”

“언니, 고마워. 사실 나는 우리 제니퍼 때문에라도 이렇게 하나님을 전하며 살 수밖에 없어. 그래서 나는 앞으로도 언니를 위해 기도할 거야.”

“그래, 애경아. 고마워. 잘 자라.”

사실, 내가 이렇게 언니에게 하나님을 전한 것은 꼭 꿈 때문만은 아니다. 한국에 들어와 알게 된 에스겔 말씀이 너무 두려웠기 때문이다.

[18] 가령 내가 악인에게 말하기를 너는 꼭 죽으리라 할 때에 네가 깨우치지 아니하거나 말로 악인에게 일러서 그의 악한 길을 떠나 생명을 구원하게 하지 아니하면 그 악인은 그의 죄악 중에서 죽으려니와 내가 그의 피 값을 네 손에서 찾을 것이고 [19] 네가 악인을 깨우치되 그가 그의 악한 마음과 악한 행위에서 돌이키지 아니하면 그는 그의 죄악 중에서 죽으려니와 너는 네 생명을 보존하리라 겔 3:18-19

내가 하나님을 모르는 자에게 복음을 전하지 않으면 그의 피 값을 내 손에서 찾겠다고 하신다. 이 말씀이 너무 두려웠다.

얼마 후, 언니는 다시 미국으로 돌아갔다. 하지만, 나는 생각날 때마다 언니와 그 가정을 위해 기도한다. 꿈속에서 본 언니의 모습을 잊을 수 없기 때문이다. 그 모습이 오늘 말씀인 예레미야 애가 속에 나오는 처참한 예루살렘의 모습과 너무나 닮았기 때문이다. 언제가 될지는 몰라도 나는 언니와 언니 가족 모두가 하나님의 자녀가 될 것이라 믿는다.

때로는 꿈으로, 때로는 말씀으로 말씀하시고, 또, 누군가를 위해 기도하게 하시니 감사하다. 그래서 오늘도 감사한 날이다.

9

주님 오시는
날을
소망하며

⁵⁰ 예수께서 그들을 데리고 베다니 앞까지 나가사 손을 들어 그들에게 축복하시더니 ⁵¹ 축복하실 때에 그들을 떠나 〔하늘로 올려지시니〕 ⁵² 그들이 〔그에게 경배하고〕 큰 기쁨으로 예루살렘에 돌아가 ⁵³ 늘 성전에서 하나님을 찬송하니라

눅 24:50-53

예수님이 제자들을 축복하시고, 하늘로 올라가신다. 그런데 그냥 올라가신 게 아니다. 우리가 상상할 수 없는 놀라운 힘에 의해 땅에서 하늘로 올려지신 거다. 이것은 놀라운 말씀이다. 이 땅을 사는 사람으로서는 도저히 상상할 수 없는 일, 중력을 거스르는 초자연적인 일이기 때문이다.

⁸ 오직 성령이 너희에게 임하시면 너희가 권능을 받고 예루살렘과 온 유대와 사마리아와 땅 끝까지 이르러 내 증인이 되리라 하시니라 ⁹ 이 말씀을 마치시고 그들이 보는데 올려져 가시니 구름이 그를 가리어 보이지 않게 하더라 ¹⁰ 올라가실 때에 제자들이 자세히 하늘을 쳐다보고 있는데 흰 옷 입은 두 사람이 그들 곁에 서서 ¹¹ 이르되 갈릴리 사람들아 어찌하여 서서 하늘을 쳐다보느냐 너희 가운데서 하늘로 올려지신 이 예수는 하늘로 가심을 본 그대로 오시리라 하였느니라 행 1:8-11

예수님이 제자들에게 말씀을 마치신 후 제자들이 보는 앞에서 하늘로 올려지셨다. 그리고 올려지신 모습 그대로 다시 오겠다 약속하신다. 그날은 주님이 다시 오시는 날이요, 주님이 신부들을 데리러 오시는 날이다.

¹⁶ 주께서 호령과 천사장의 소리와 하나님의 나팔 소리로 친히 하늘로부터 강림하시리니 그리스도 안에서 죽은 자들이 먼저 일어나고 ¹⁷ 그후에 우리 살아 남은 자들도 그들과 함께 구름 속으로 끌어 올려 공중에서 주를 영접하게 하시리니 그리하여 우리가 항상 주와 함께 있으리라 살전 4:16-17

그날 준비된 그리스도의 신부들은 하늘로 끌어올려져 공중에

서 주님을 만날 것이다. 상상만 해도 떨리고 감동스럽다. 이 땅에서 한 번도 경험해 보지 않았던 상상할 수 없는 어떤 엄청난 힘에 의해 우리 몸이 하늘로 끌어올려지는 일은 상상만 해도 감격이고, 감동이다. 그리고 우리는 주님을 만난다.

주님을 만났을 때 기분은 어떨까. 그것은 이 땅의 언어나 이 땅의 말로는 표현할 수 없을 것 같다. 완전한 기쁨, 완전한 감사, 완전한 감동이기 때문이다. 나는 오늘도 간절히 그날을 소망한다. 그날은 공중에서 주님도 만나지만, 딸과 만나는 날이기도 하다. 돌아가신 아버지, 외할머니, 시어머니, 이모까지 모두 만나는 날이다.

나는 얼마 전 교회를 가다가 너무나 아름답고 놀라운 구름을 본 적이 있다. 정말 입이 다물어지지 않을 정도였다. 파란 하늘에 떠 있는 흰 구름이 하얀 세마포 옷을 입은 그리스도의 신부들처럼 보였기 때문이다. 신부들은 두 손을 하늘로 뻗은 채 하늘로 끌어올려지고 있었다. 그래서 흔들리는 차 안이었지만 열심히 사진을 찍어 친한 사람들에게 보냈다. 그리고 그 사진들은 아직도 내 휴대폰에 저장되어 있다. 지금도 그 사진을 다시 볼 때면 감사하다. 그날, 그 구름을 보게 하신 주님께 감사하다. 그 구름이 오직 부활의 날만을 소망하며 살고 있는 나에게 주신 주님의 선물같이 느껴지기 때문이다.

한편으로는 이런 말씀들을 읽으면서도 믿지 못하는 사람들이 있다는 것이 너무나 안타깝다. 주님이 다시 오시는 날에 대한 소망 없이, 주님의 약속을 믿지 못하고 사는 사람들이 있다는 것이 너무나 안타깝다.

내가 뭐라고 이런 말씀들을 믿게 하시니 정말 감사하다. 주님 다시 오시는 날을 소망하며 살게 해 주신 것도 감사하다. 때로는 구름으로도 보여 주시며 확신을 주시니 더 감사하다. 그래서 오늘도 감사한 날이다.

그날 준비된 그리스도의 신부들은
하늘로 끌어올려져
공중에서 주님을 만날 것이다.
주님을 만났을 때 기분은 어떨까.
나는 오늘도 간절히 그날을 소망한다.

천국을 소망하며 큐티합니다

올해는 사랑하는 딸이 하늘나라에 간 지 10년이 되는 해이다. 어쩌다 세월이 이렇게나 흘러 버린 건지…. 어떻게 그 세월을 보낼 수 있었는지, 어떻게 딸이 없는 세상에서 밥을 먹고 텔레비전도 보고, 웃기도 했을까. 하지만 난 하루도 딸을 기억하지 않은 날이 없다. 그래서인지 하루가 천년 같고, 천년이 하루 같은 10년을 보냈다.

처음 딸이 하늘나라에 갔을 때는 다시 웃을 일이 없을 줄 알았다. 다시는 웃을 수 없을 것 같았다. 그때는 딸이 있는 천국이 어떤 곳인지 몰라서 더 그랬다. 그런데 이제는 아니다. 나는 웃을 수 있다.

²⁰ 다 흙으로 말미암았으므로 다 흙으로 돌아가나니 다 한 곳으로 가거니와 ²¹ 인생들의 혼은 위로 올라가고 짐승의 혼은 아래 곧 땅으로 내려가는 줄을 누가 알랴 전 3:20-21

흙으로 만들어진 우리 몸은 흙으로 돌아가지만, 혼은 위로 올라

간다는 것을 알게 되었기 때문이다.

흙은 여전히 땅으로 돌아가고 영은 그것을 주신 하나님께로
돌아가기 전에 기억하라 전 12:7

딸의 몸은 흙으로 돌아갔지만, 딸의 영은 그것을 주신 하나님께
로 돌아간 것을 알게 되었기 때문이다. 그래서 더는 죽음이 두렵
지 않다. 죽음이란 문을 통과하지 않고는 천국, 그러니까 하나님
께로 돌아갈 수 없는 것을 이제는 안다.

그렇다고 그리움까지 사라진 것은 아니다. 이 글을 쓰는 순간
에도 난 딸이 너무나 보고 싶고, 너무나 그립다. 언젠가 만나게 될
딸을 위해 뭐라도 하고 싶다. 이 땅에서 보여 주었던 부끄러운 모
습이 아니라 조금이라도 자랑스러운 모습으로 딸을 만나고 싶어
서다.

그래서 나는 매일 딸을 그리워하는 마음으로 큐티를 했고, 딸
에게 한걸음씩 다가가는 마음으로 감사 일기를 썼다. 그런 시간이

어느덧 10년이다. 매일 내려주시는 꿀처럼 달콤했던 만나와 함께 하셨던 주님이 없었다면 지낼 수 없었던 시간이다.

　8년을 큐티하며 큐티에 대해 생각했던 것들과 딸의 10주년 기일을 맞아 그동안 썼던 큐티 감사 일기를 모아《만나 집사의 큐티 감사 일기》를 준비했다. 사실 이 책은 주님이 나에게 주시는 선물이다. 매일 아침 아이를 생각하며, 천국을 소망하며 열심히 큐티를 했더니 주님이 주신 선물이다. 이 책을 사랑하는 딸 제니퍼에게 바치고 싶다. 그리고 이 책을 읽는 많은 분이 천국을 소망하며 살기를 기도한다.